시마중 시인선 1

흔들리는
어깨를 만지는 일

신원석 시집

도서출판 시마중

	6	시인의 말
1 **자라나는 뿔**	10	바다로 눕는 나무
	12	사랑을 시작할 때
	14	토끼와 당근
	16	구부러진 못
	18	원숭이
	20	안개비
	22	전만고 소위
	24	말장난
	26	자라나는 뿔
	28	그런 날 있잖아요
	30	우리의 할머니
	32	블록체인

2

별이라 부를 수 없는 나로부터

36 짜장면, 차이나타운

38 삼각형자리 은하

40 미끄럼틀의 역사

42 러브 미 아이스크림

44 아버지의 눈물

46 형아

47 우산

48 검은 고양이로 태어난 하얀 강아지

50 신들의 집

52 좋아요, 구독

54 개미의 언어

56 하청 노동자

58 일타강사

3

사라지는 물고기들의 뒷모습

- 62 병마개, 그 집
- 64 네 번째 추석
- 66 어머니의 질주
- 68 포도알을 붙이다
- 70 여덟 살
- 72 모래무지
- 74 사라지는 물고기들
- 76 타버린 돼지고기
- 78 달동네
- 79 내일 10시
- 80 겨울비

4

**실패된 나는
다시 살아났다**

84 흔들리는 어깨를 만지는 일

86 솔방울

88 유년의 빗물

90 뇌종양 수술

92 어떤 문장

94 줄기와 잎이 좀먹은 소나무

95 학원강사로 사는 일

96 구두 속에 아이가 산다

98 국어의 기술

99 그 꽃, 한 송이

100 손흥민이가

102 카운터펀치

해설

104 조명제_기발한 전이적 담론의 시학

시인의 말 ─────

시작만 하면 늘 끝이 되는 삶을 살다가
끝인 줄만 알았던 시가 다시 내게 왔을 때

깨지고 싶어 안달난 알 하나가
내 손바닥 위에 놓였다

날개 없이도 하늘을 나는 새들을 위하여
나는 절벽 아래로 둥근 알을 떠밀었다

깨져야 태어난다는 거짓말을 시처럼 믿었다

2024년 가을

1

자라나는 뿔

바다로 눕는 나무

오랜만에 놀러 온 다섯 살짜리 조카를
집에 두고 출근할 때
그 어린 것이 달려와 내 목을 끌어안고
바닥을 튕긴 발로 내 허리를 칭칭 감아올 땐
바다 쪽으로 기울어져 자란다는
카리브해의 야자수가 된 것만 같다

바다로 나가고 싶은 꼬마들이
소라로 만든 나팔을 들고 기어오른다는 나무
바다로 떠난 아이들이 돌아올 때까지
줄기 대신 뿌리를 키운다는 나무

머지않은 어느 날 이 어린 것이
신나게 매달릴 수 있는 나무 한 그루
사라질 생각을 하니
모래 속에 파묻힌 내 여린 뿌리에도
다시 푸른 힘줄 하나가 돋는다

카리브해에는
바다 쪽으로 기울어져 자라는 야자수가 있다
아이들을 태우고 바다로 나가기 위해
하늘을 버리고
바다로 눕는 나무가 있다

사랑을 시작할 때

원유를 분류해서 나프타를 얻고
나프타를 분해해서 에틸렌을 얻고
에틸렌을 중합하여 얻은 폴리에틸렌 용기에
함부로 물을 붓진 말아줘

이 복잡한 고분자화합물의 문을 열고
뜨거워진 물을 쏟아부을 땐
딱 선까지만
모자라지도 넘치지도 않게

허기를 숨기는 일도
김이 새지 않도록 뚜껑의 귀퉁이를 접어
야무지게 채워 거는 일도
잊지 말아야 해

4분이면 충분해
사랑에 빠지는 시간

영양분보다 높은 칼로리는 잊어
지금은 우리가 최선을 다해
라면이 되어야 할 때
아, 시원하다 거짓말처럼
사랑을 시작할 때

토끼와 당근

저는 태어나고 싶지 않았어요
다들 그렇다고 하겠지만 행복하게 잘 살잖아요

죽은 자식 불알 만지기는
사무치는 사랑의 문장 같아

살고 싶어 할수록 죽어가는 시간 속을 걸어본 적이 있나요
저의 길었던 생존기를 짧은 생과의 동의어로 읽진 말아 주세요
서바이벌과 라이프는 철자조차 다른 걸요

사냥꾼들은 너덜너덜해진 과녁판을 들고
주머니에 넣을 수 없는 커다란 인형을 달라고 우겨요
이미 사냥은 끝났는데 뭔들 요구하지 못하겠어요
그렇죠, 엄마? 어서 과녁판을 찾으러 제게 걸어오세요

나는 한 번도 달아난 적이 없는 토끼
의자에 묶인 토끼 캐리어 속에 구겨진 토끼

먹지도 못하는 새끼 토끼는
사냥하지 말아 줘요
어설픈 쪼그려뛰기로
저의 빗나간 죽음을 속죄하지도 말아 줘요

내 새끼처럼 키웠다는 말을
당근처럼 갉아 먹기 전에
토끼는 당근도 아니잖아요

이 세상에 당근으로 태어나고 싶은 토끼가 어디
있겠어요 당근으로 죽은 당근이 어디 있겠어요

구부러진 못

날개를 구름에 실어 보낸 딱따구리가
오동나무에 매달려 못을 박고 있었다

생을 끝내고도 끝낼 수 없는 사업인 듯
못질에 열중인 아버지

전 괜찮아요, 아버지. 방망이로 두들기기만 하면 뭐든 뚝딱 나온다는 옛날이야기 아시죠? 저는 어릴 때부터 없는 집 자식들이나 읽는다는 판타지를 보며 자란걸요. 아버지, 흙벽을 쌓아 만든 행랑채의 자식들은 개미지옥을 따라 땅속으로 들어간대요. 우리에게 어울리는 건 애초에 뒷걸음질이나 구덩이 같은 거였는지도 몰라요. 밥에 흙을 말아먹다가 흙이 된 아버지, 이제 그만 내려오세요.

그때나 지금이나
주먹으로 가슴을 내려친다고
달라지는 건 없나 봐요 아버지

제가 하는 못질이 자꾸
아버지처럼 빗나가요
떨어진 못들이 모두
구부러져 있어요

원숭이

죽음밖에는 쓸 줄 모르냐고 묻는 사람이 있었다

내 시집의 문을 열고 들어온 너는
동물원 간식 코너에서 한참을 서성거리다
매일 이를 잡아먹는 원숭이 얘기를 하며 웃었지

나무와 나무 사이를 건너며 사는 원숭이들에겐
겨드랑이에 나이테가 있다고
어떻게 말할 수 있었겠어 너에게
원숭이들이 덥수룩한 털을 고르며
꿈꾸듯 이를 잡아먹는 일이
나에겐 시를 쓰는 일이라고

죽음은 엎어진 밥그릇처럼
자꾸만 쓰러진 허기를 키운다고
둥근 무덤 속을 기어나온 나의 아가가

내 배 아래 매달려
또 한 생의 허무를 배우는 중이라고
어떻게 말할 수 있었겠어 원숭이인 내가

나는 사람들이 던져주는 바나나를
잘도 받아먹는 원숭이
맛있니? 하고 묻는 사람들보다
더 사람 같은 원숭이를 보며 사람들은 손뼉을 치고
원숭이들의 수명(受命)을 물으며 너는
대충 읽은 시집을 덮듯
동물원을 떠나가고

안개비

그녀의 몸을 내 집처럼 드나들었다
그녀의 집을 내 몸처럼 드나들었다

그녀는 비 오는 날 창가에 서서
담배 피우는 것을 좋아했다
나는 담배를 피우며
하늘을 바라보는 그녀가 좋았다

내가 숨 쉬고 있다는 걸 눈으로 볼 수 있어서 좋아. 살아가는 것만으로 증명이 된 사람들은 모르지. 아직 끝나지 않았다는 걸 증명하려고, 나는 오늘도 무너지는 중이야.

연기를 따라 조금씩 조금씩
하늘로 떠오르는 그녀의 얼굴
잠깐 나타났다
사라지는 보조개

연기가 바람을 타고 하늘을 오를 때
나는 처음 하느님을 보았다

창밖으로 내민 내 손바닥 위에도
끝나지 않을 것 같은
안개비가 내리고 있었다

전만고 소위

친구가 총에 맞아 죽었다

내가 미분 문제를 내밀면
언제나 조용히 어깨를 감싸며
시그마를 풀어 보이던 친구

2002년 한 해안 부대에서 총기 사고가 발생했다. 전만고 소위의 유가족들은 총기 오발에 의한 사고사를 주장했지만, 군부대 측은 유가족들의 동의와 참관 없이 부검을 실시, 자살이라는 결론을 내렸다.

적분은 미분을 거꾸로 하면 된다는데
아무리 미분을 거꾸로 해봐도
죽은 만고는 살아 돌아오지 않는다

아직도 까마득히 남아 있는
살아갈 날들 속에서

나는 우연히 떨어진 새똥만큼만
만고를 떠올린다

철모를 관통한 질퍽한 새똥 위에
나는 나의 이름을 적어볼 때가 있다
내가 나를 자살로 기록할 때가 있다

말장난

나는 오늘 그 누구보다 아무렇지 않았지만
나는 오늘도 아무랬어

말장난은
말과 장난으로 나눌 수 있지 소불알처럼
명사와 명사로 이루어진 통사적 합성어
합쳐질 수 있다는 건 다시
나뉠 수도 있다는 것
그래서 나는 '생사(生死)'가
하나의 형태소로 이루어진 단어라고
아이들에게 일부러 잘못 가르치기도 해

오늘은 어머니를 응급차에 태우고
집 근처 대학병원에 왔어
바코드가 붙어 있는 보호자 카드가 목에 걸리면
숨바꼭질은 시작되고
버젓이 살아있는 나는 무조건 술래

죽은 사람처럼 눈을 감고
여기저기를 들쑤시고 다니다가
혹시 어디 숨었는지 보셨어요? 하고 물으면
뜸 들이는 게 버릇인 의사들은
지켜봐야 한다는 말을
하나도 안 설레는 고백처럼 해

하루가 일 년 같고
일 년이 하루 같은 응급실의 밤
오늘 하루도 잘— 죽었다, 말장난을 하다가
나는 아무렇게나 직장에 전화를 걸었어
내일은 출근하지 못하겠다고

아무렇지도 않게
나는 또 숨바꼭질 중이라고
못 찾겠다 꾀꼬리는, 정말
부르기 싫은 노래라고

자라나는 뿔

건기를 건너온 임팔라 한 마리
물속을 들여다보고만 있다

S자로 뻗은 두 개의 뿔은
점심을 굶고 사 모은 시집 몇 권

물에 비친 제 뿔에 마음이 찔린 짐승은
한 방울의 눈물을 물 위에 떨구고

파동을 읽어낸 거대한 입이
와장창 유리를 깨고 나와 뿔을 낚아챈다

"야, 알바! 무슨 PC방 알바가 시집이냐?
가서 라면이나 하나 끓여 와."

뿔이
뜨거운 냄비 받침으로 드러누울 때도

뿔을 이고 살기로 한 임팔라는
쓰러지는 세계를 뿔 하나로 떠받치는 꿈을 꾸었다

뿔이 강물 속으로 제 몸을 끌고 들어가도
임팔라는 뿔과 이빨을 바꾸고 싶진 않았다
냄새에 침은 고였어도 라면이
뿔보다 배부르진 않았다

그런 날 있잖아요

직장에 늦어서 찾아든 샛길이
오히려 더 붐볐어요
왜 차선을 바꾸면, 바꾼 차선이
더 막히는 법이잖아요
아기 엄마가 밀던 유모차를 멈춰 세우고
몇 걸음 달려 나간 아기 아빠가 무릎 꿇고 사진을 찍을 때
알아서 방긋 웃는 아이의 표정은
이 커다란 세계를 한순간에
출구 없는 꿈속에 가둬 버리잖아요

꿈 깨! 여긴 꿈속이 아닌, 체험 삶의 현장이다! 생각하니
환장하겠더라구요 다시 바빠진 손으로 빵빵
경적을 울려대고 액셀러레이터를 밟으려는데, 이런 미친!
액셀러레이터 대신 브레이크를 밟게 되는 거예요
하마터면 후진 기어를 넣을 뻔했다니까요
왜 다들 그렇게 사고 한 번씩 내고 그러잖아요

기억은 잘 안 나는데, 살아있는 게 다행인
왜 그런 날 있잖아요

하늘을 뒤덮은 길 양쪽의 벚꽃들,
에어백이 터졌어도 아마 나는
강아지처럼 코를 묻고
컹컹 향기를 맡았을 거예요

뒤차는 빵빵거리고
늦은 직장에서는 자꾸 전화가 걸려 오고
그래도 오늘은 왠지 괜찮을 거 같았어요
왜 그런 날 있잖아요
영원히 살아도 따—악 한 번은 죽고 싶지 않은,
왜 그런 날 있잖아요

우리의 할머니

남편과 아들, 며느리와 손자를 잃은 할머니가
TV 속에서
허리에 주렁주렁 폭탄을 차고 국경을 넘을 때
우리는 저 미친 할머니가
우리의 할머니라는 사실을 모른다

나와 전혀 피부색이 다른 저 할머니가
갑자기 원석아, 하고 내 이름을 부를 때도
당황한 내가
"저 이국적 할머니는 절대 제 할머니가 아닙니다!"
하고 우길 때도
무대 뒤에서 천천히 걸어 나오는 할머니는
내 할머니 신덕재 씨

남편과 아들, 며느리와 손자를 잃은 할머니가
TV 속에서

허리에 주렁주렁 폭탄을 차고 국경을 넘을 때
우리는 저 미친 할머니가
우리의 할머니라는 사실을 모른다

죽은 할머니가 죽지도 못하고 주렁주렁
폭탄을 매달고 TV 앞에 섰을 땐
다 그만한 이유가 있는 것이다

저 미친 할머니가 우리의 할머니일 땐
다 그만한 이유가 있는 것이다

블록체인

블록에 데이터를 담아 체인 형태로 연결한단다
우리가 알고 있는 자전거 체인이 아니란다

체인이 풀린 자전거를 손봐 준다며
작업 걸던 그녀는 이미 상장 폐지된 지 20년

나를 닮은 아이를 낳는 게 두려워 비혼을 선언한 나는
데이터를 복제해 저장한다는 기술 앞에 무턱대고 두렵다

혁명이 뭔지 4차가 뭔지도 모르는 우리는
익숙한 2차를 향해 발걸음을 돌렸다
그리스*를 먹인 체인처럼

15년 동안 수학을 가르쳤어도 그보다 오랜 세월
가난한 수학 강사의 김광석을 들으면서
나는 노래방 계산대로 걸어갔다

블록을 파괴하는 힘
명품 가죽 냄새를 맡으며
지갑 속에서 살아가는 신사임당은
사실 딥페이크다

G코드 C코드로 다시 C코드에서 G코드로
사랑했지만 그대를 사랑했지만을 부르는
수학 강사의 반복되는 코드 사이로
AI처럼 탬버린을 치며 몸을 흔든다

NVIDIA 주가를 검색하는 동안 노래는 끝이 나고
우리는 다시 혁명이 시작되는 집구석을 향해
체인 풀린 자전거처럼 서로를 밀고 갔다

*그리스 : 기계의 마찰 부분에 쓰는 매우 끈적끈적한 윤활유.

2

별이라 부를 수 없는 나로부터

짜장면, 차이나타운

엄마가 인천 자유공원을 짚었다
짜장면을 먹느라 시커메진 육촌의 입을 보고
얼마나 웃었는지 모른다며
그와 함께 거닐던 그 옛날 차이나타운이
갑자기 보고 싶어졌다고 했다

엄마보다 다섯 살이 많은 육촌은
방학 때만 며칠 청일면*에 내려왔다가
다시 대처로 돌아가곤 했는데
지나다니는 중국인들을 쳐다보며
짜장면을 먹은 다음 날이면
마루 모퉁이에 깨끗한 공책 한 권과
몇 자루의 연필을 남겨두고
육촌은 무심히도 떠나버렸다고

안 쓰는 서랍장에
노트와 연필을 몽땅 쓸어 넣고

소여물을 쑤러 나가야 했던 열다섯

줄기차게 울어대는
세 살짜리 막내 이모를 등에 업고
울지 마라 울지 마라 달래다가
열심히 풀을 씹고 있는 송아지에게
짜장면이 먹여주고 싶어
당신도 음매—, 소처럼 울어버렸다고 했다

그땐 다들 그랬다고
청일면의 소들은 모두
학교 안 가는 여자애들이 키웠다고
세 살짜리 혜숙이도
열다섯 살 명근이도
그땐 모두
소처럼 자랐다고

*청일면 : 강원도 횡성군 북동부에 있는 면

삼각형자리 은하*

별빛의 비밀에 대해 말해주던 여자

마르지 않는 향수병 같은
여자의 작은 입을 내려다보며
나는 키스 대신
별들의 진짜 비밀을 들려주었다

제 안의 멍울을 터뜨리며 별들은
꽃처럼 피는 거라고
흔들리고 있는 게 마치
반짝이는 것처럼 보이는 거라고

그 여자의 등이
유성처럼 소멸해 갈 때도
나는 별들의 무게로 출렁이는
밤하늘만 쳐다보고 있었던 것인데

멀어지던 그 여자

나를 별이라 부르던 그 여자

흔들리지 않는 것을

별이라 부를 수 없는 나로부터

270만 광년은 멀어져 버린

그 여자

*삼각형자리 은하 : 약 270만 광년 떨어진 외부 은하

미끄럼틀의 역사

중풍 든 할아버지가 창가에 앉아 햇살을 맞고 있었어
꽃봉오리처럼 오그라진 손을 들고
(그것이 나를 위해 피는 꽃이 아니라는 걸 나는 진작에 알았지만)

저녁마다 입속에 노루모*를 털어 넣고
구멍 난 메리야스로 방바닥을 훔치던 할머니
그녀의 꼬부라진 허리에 손을 얹고
나는 어쩌면 아주 잠깐
그녀를 사랑했는지 모르지만
(할머니는 자꾸 내 이름을 까먹어)

유리 없는 창틀에 얼굴을 밀어 넣고
액자처럼 종일 걸려 있어 봐도
엄마 아빠를 밀어내는 버스는 오지 않았지

끈끈이에 붙어 죽어가던 바퀴벌레들을 태우면서
죽음을 점검하던 나의 밤

죽여도 죽여도 늘어가는 바퀴처럼
아침은 또 스멀스멀 기어나왔어
(어쩔 땐 막 날기도 했다니까)

나는 아침마다 집 앞 놀이터
미끄럼틀 아래에 앉아
<u>스스로</u>를 죽일 수도 없는
아이들의 슬픈 꿈을 생각했어

줄지어 미끄럼틀 계단을 오르는 아이들
미끄러지면 다시 줄지어 계단을 오르는 아이들

내가 앉아 울던 그 미끄럼틀 아래엔
지금쯤 어떤 아이가 울고 있을까
아이가 꿈꾸던 그 미끄럼틀 아래엔
지금쯤 어떤 아이가 꿈꾸고 있을까

*노루모 : 위산과다, 속쓰림, 소화불량 개선 등을 효능으로 한
소화제의 일종.

러브 미 아이스크림

별명이 입냄새인 상경 한○○은
쫄따구의 귀를 핥아대는 것으로 하루를 시작했어
그 새끼는 혀가 정말 길었어

이경*이었던 나는 느닷없이
배스킨라빈스 써리원의 아이스크림이 되었지
아이스크림만 보면 침을 질질 흘리는 로트와일러*
대학 때 전공한 독일어도
개새끼 앞에서는 무용지물이더라니까

개새끼가 사납게 짖어댈 때마다
나는 관등성명을 외치고 달려가
녀석의 품에 안겨 가랑이를 벌리는
처녀가 되어야 했지

매일 수도꼭지를 틀고 비누칠을 해 봐도
침이 흥건하게 묻어 있는 아이스크림은
좀처럼 녹지 않았어

내일마다 어제가 리필되는 군대의 시간
그래도 국방부의 시계는 돈다던
누군가의 명언을 군가처럼 되뇌면서
나는 26개월 동안 녹지 않았지

제대하던 날 나는 로트와일러
그 개새끼를 죽이는 대신
배스킨라빈스에서
'러브 미'라는 이름의 아이스크림을 사 먹었어

우주로 내팽개쳐졌던 나의 이름이
얼마나 달콤하던지
이제부터 시작이다 젊은 날의 생이여
이어폰으로 흘러나오는 이등병의 편지는
또 얼마나 시원한 욕설 같았게

*이경(二警) : 의무 경찰 계급의 하나. 일경의 아래로, 가장 낮은 계급이다.
*로트와일러 : 독일이 원산지인 견종 중 하나

아버지의 눈물

처음으로 차례를 지내지 못한 추석 동안
형은 부처님께 소원을 빌며 선인장처럼 물을 마셨다

소설깨나 읽은 나도 찾아낼 수 없었던
그날의 복선
퇴고를 허락하지 않는 현실은
어느 페이지를 열어도 절정뿐이었다

밤새 침윤성과 비침윤성의 차이를 공부하던 형은
말기라는 의사의 말에 정신을 잃고,
"나 살겠다고 괜히 내 새끼 죽일 뻔했구먼……."
눈물과 함께 흘러내리던 아버지의 속죄

항암치료를 거부하는 아버지와
아버지 팔에 매달려 아이처럼 우는 형과
마르지도 않는 손등으로 연신 눈물을 훔쳐대던 어머니

나는 그들을 몽땅 차에 태우고
죽기 딱 좋은 곳으로 납치하고 싶었다
두꺼운 암막 커튼으로 창이란 창은 모두 가리고
깨지 않는 깊은 꿈속에서 그들을 모조리
죽여 버리고 싶었다

납치범도 살인범도 되지 못한 나는
어머니도 눈물이었고 형도 눈물이었던 그날을 떠올리며
이제는 사라지고 없는 아버지를
아빠, 하고 애처럼 불러 본다
나도 눈물이 되어본다

형아

아버지가 아플 때 형이랑 단둘이
이대병원 앞 식당에서 밥을 먹었다

형은 된장찌개 나는 김치찌개
계산은 형이 했지만 나는 말리지 않았다
반 넘게 남긴
형의 밥그릇을 덮어 주었을 뿐

아버지가 죽기 전부터 형은
자주 애처럼 울었고
아버지가 죽고 나서야 나는
처음 형처럼 울었다

우산

우산을 쓰고
애인을 집에 바래다주던 날
내 어깨를 보고 애인은
입을 꾹 다문 채 울기 시작하였네

빗방울 닮은 눈물만 뚝뚝 흘리면서
비에 젖은 나의 어깨를
주검으로 돌아온 애인의 얼굴처럼
어루만지고 있었네

그때 우리 한참을
우산처럼 서 있었네

그때 우리
사랑을 하고 있었네

검은 고양이로 태어난 하얀 강아지

나는 검은 고양이의 배에서 나온 하얀 강아지
아직 눈도 떼지 못한 얼굴로 어둠만을 핥아댔지
빛은? 빛은…… 먹는 건가?
확률 99.999……%라고 적힌 친자 확인서를 깔고 엎드려
굴속에 빛이 들기만을 기다릴 순 없어

엄마, 부디 나를 잃었다고 생각하진 말아 줘요
나를 다신 쥐나 잡는 고양이로 키우진 말아 줘요

시멘트 바닥 위를 떠밀려 갈 때
파도는 커다란 손바닥으로
내 머리를 물속 깊숙이 밀어 넣었지만
실존으로 가득 찬 부표는 가라앉는 법이 없지

엄마, 나는 날생선을 먹지 않아요
다시는 절대 지붕 위에 올라가지 않겠어요

엄마, 저도 손이 아닌 입으로 사냥할 수 있어요
자장가를 불러주지 않아도 밤에는 꼭 잠을 자겠어요

나는 날마다
내 안의 검은 고양이를 물어 죽여야 했어
야옹야옹이 멍멍멍이 될 때까지
나는 나를 검은 고양이라 부르는 것들에게
개의 주검으로라도 걸어가야 했으니까

하얀 강아지가 되어 봤자
사실은 그게 그거일 테지만 말이야
그땐 또 다른 무엇으로
다시 태어나고 있을 테지만 말이야

신들의 집

암탉이 둥근 알을 낳는 것은
둥근 알에서 나온 까닭이다

신들은 날개에 목발을 쥐여주고
절뚝거리는 병아리들을
인공부화기 밖으로 끄집어낸다

장갑 낀 손이 병아리를 들어
암수를 구별하는 동안
거꾸로 매달린 수평아리는 날 수 없는 이유를
살 수 없는 이유로 고쳐 물어본다

톱니는 시계방향으로 돌아가고
컨베이어 벨트는 일정한 속도로 흘러가고
병아리는 신으로부터 점점 멀어지고

스테인리스로 만든 프라이팬도

강철로 된 트럭 바퀴도
다 부숴 버린다는 분쇄기 속으로
까만 눈을 깜빡거리며 굴러떨어진다

24시간
35℃에서 40.5℃의 열기가 뿜어져 나오는 부화기는
훔친 알을 품는 신들의 집

신이 둥근 알을 낳지 못하는 것은
둥근 알에서 나오지 않은 까닭이다

좋아요, 구독

유튜브 영상 속 사자가
어린 사슴의 목덜미를 물고 늘어질 때
어린 사슴이 어딘가에 있을 엄마를 찾아
길―게 울음을 울 때

나무젓가락은 육회를 집어
참기름과 노른자 속에
침 묻은 발을 살짝 담가 본다

씹을수록 담백한 육즙
송곳니는 매일 자라고
숱한 엄지들은
판독할 수 없는 지문을 남긴다

내장을 쏟아낸 어린 사슴이
숨을 헐떡이며 소명을 완수해 가는 현재
좋아요는 121만 7천 개를 돌파 중

잠깐 영상을 멈춘 손가락이
다른 송곳니들을 위해 갬성적 리뷰를 작성할 때
배달 앱 뒤로 밀려난 야생의 세계에서는
아직 숨통이 끊어지지 않은 어린 사슴이
일시 정지된 상태로 멈춰 있다

개미의 언어

혼자 먼 길을 걸어왔을 개미가
집으로 돌아가는 나의 뒤를 따라온다

평온한 잠을 뚫고 나와
내 텅 빈 뱃속부터 어루만지는 더듬이의 감촉은
하나도 징그럽지 않다

엄마가 꾹꾹 눌러 담은 밥을
남김없이 먹어 치우는 개미의 식탐을
"조금 지나면, 먹고 싶어도 못 먹어."라는
인간의 언어로 알아들은 지는 얼마 되지 않았다

땅을 밀고 나오는 속도보다
땅을 뚫고 들어가는 속도가 더 빠른 개미의 몸짓을
"절망을 껴안는 속도가 희망을 키우는 속도보다
두 배는 빨라야 해."라는
인간의 언어로 알아들은 것도 최근의 일이었다

겹눈보다 많은 방을 만들고
방보다 많은 구멍을 분주하게 들락거리는 이 개미는
종일 사랑을 물어오느라
물고 온 것을 어디에다 두었는지 매일 헷갈리는 개미다

개미처럼
온몸이 새까만 여자다

하청 노동자

실잠자리 한 마리가
유리창 끈끈이에 붙어 죽어 있었다
38도의 폭염 속에
황금올리브치킨처럼 바싹 튀겨져서

기름칠 된 입술을 닦듯이
티슈 한 장을 뽑아 죽음을 지울 때
휴지보다 가벼운 얼굴 하나가
잠깐 유리창을 스쳐 지나갔다

어쩌면 꽃잎 위에도 앉아 보았을
속눈썹 같은 다리 하나가
끈끈이에 붙어 잘 떨어지지 않았다

나는 뭉개 쥔 휴지를
쓰레기봉투 속에 던져 넣고
입구를 여러 번 틀어막았다

다시는 꽃잎의 기억 따위가
새어 나오지 않도록

나날이 폭염은 계속되고
타워크레인은 하루가 무섭게 자라나고
반짝이는 날개를 비추어 보고 싶은
잠자리 한 마리가
잠깐 유리창을 스쳐 지나갔다

일타강사

나로부터 초 사이언이 된 아이들은
비참할 과거도 암울했던 내일도
찬란하고 있는 현재 진행형인 줄 알지

날개는 조금쯤 무거워야 간지
등보다 커다란 가방을 멘 아이들이
SKY를 향해 매일 날아오르는 곳 스카*

커다랗게 입을 벌리는 대신
음식물 주입 호스 같은 이어폰을 귀에 꽂고
태블릿에서 흘러나오는 나의 주술을
맛있게도 받아먹는 아이들

배운 대로 푸르게 푸르게
하늘을 색칠하는 나의 아이들

뭉툭한 개꿈의 기억을 더듬어

번호를 칠하는 로또방 남자처럼
우리의 아이들이 컴사*를 휘두르며
답안지를 검게 물들이고 있다

*스카 : '스터디 카페'의 줄임말
*컴사 : '컴퓨터용 사인펜'의 줄임말

3

사라지는 물고기들

병마개, 그 집

천장에서 비가 새었지
우리의 방

너와 내가
누에처럼 몸을 말며 살던 때

왜, 픽픽
네 엉덩이에서
방귀도 새어 나왔었잖아
나는 웃고 너는 빨개지고

그때
너의 부끄러움과 나의 웃음이
문틈으로 새어 나가던
천만 원짜리 그 집

너와 내가 생을 걸고

가난으로 지켜낸 집

새어나가지 않으려고
우리가 병마개처럼
서로를 끌어안고 살던 집

구겨진 병 속에
우리가 마개 되어 살던
그 집
병마개 집

네 번째 추석

보름달 같은 호박전을 굽는다
아버지는 생전 호박전을 드신 적이 없고
보름달은 늘 아버지의 젓가락을 빗나갔었다

노릇노릇해질 때까지 기다렸다가
뒤집어 다시 기다리는 사이
그만하면 됐다고, 지루해하는 나의 어깨를
아버지의 마른 손길이 더듬고 있었다

우리는 모두 아버지 앞에 엎드려 큰절을 올렸고
지난 세 번의 추석날처럼 어머니는 눈물을 훔쳤다

아버지는 들숨 한 번으로
꼬박 하루 동안 준비한 음식을 다 비우시고
우리는 둘러앉아
아버지가 비운 음식들을 먹었다

벌써 다섯 살이 된 조카들이
생일날처럼 입바람을 불어
흔들리는 촛불을 끄고 있었다

어머니의 질주

그녀가 인도를 질주해요
내 보통 걸음보다도 느린 그녀의 질주는
맹목적이에요
깜빡이는 신호등을 향해 달려가는 길 위
그녀가 내다 버린 발자국이
거꾸로 박혀 있어요

그녀의 달음질은
빨간 신호등 앞에서 끊어지고
멈춰 선 그녀를 할퀴며 지나가는 경적 소리에
나는 잠깐 그녀가 되어 울었어요

매일 아침 산책을 나가는 그녀의 시간을
나는 자꾸 죽은 아버지에게 묻고

다시 들어온 푸른 신호등을 향해 그녀는
멈추었던 질주를 다시 시작해요

자동차 뒷거울 속
멀어지는 그녀를 바라보며
나는 오늘도 출근하는 중이에요

우리는 오늘도 전속력으로
헤어지고 있어요

포도알을 붙이다

검지 위에 생긴 흉터 하나
조폭들과 십칠 대 일로 싸우다 생긴 것이 아니다
프라이팬 위에 굽던 삼겹살 한 조각이
번개처럼 손가락 위에 내려꽂혔던 것

변기에 앉은 사람이
부푼 항문을 닦으며 마주치는
아프고 쓰라린 대면
나는 그것이 아주 오래된
신의 자국 같다

내게 생명을 준 신들은 모두
소금에 절여 있거나 불에 그을려 있거나
토막 나 있거나 뿌리째 뽑혀 있는 것들인데
매일 고통을 때려 눕히는 식욕은
입보다 커다란 쌈을 싸서 내 몸속으로 밀어넣는다

밤마다 푹신한 이불로 배를 덮고 잠들었다가
아침마다 포도알 같은 얼굴로 깨어나
다 붙이면 쓰레기봉투가 열 장인 포도 그림을 채우러
나는 마트에 간다

빈칸이 몇 개 남지 않았다
마구 살아있을 것 같은 내가
신이 될 날도 머지않았다

여덟 살

성재와 영기가 버려진 것들을 주워 왔다
종이와 나무는 좋았지만
스티로폼과 비닐봉지는 검은 연기가 나서 싫었다

수챗구멍이 있는 우리의 작은 공터는
좋든 싫든 걷어온 것들을 모두
커다란 화염으로 키워 냈다

어른들이 알아채기 전에
서둘러 불을 꺼야 했던 우리는
이런 종간나 새끼 이런 빨갱이 새끼
뜻도 모르는 욕설들을 내뱉으며
오줌발이 끊어질 때까지 고추를 흔들어 댔다

틈날 때마다 개웅산에 올라
울긋불긋한 삐라를 주워 모으던 여덟 살
어린이의 입을 찢어 죽이는

공산당이 나오는 반공 영화를 보면서
우리는 무럭무럭 자랐다

그때 우리는
술 심부름 담배 심부름
못 하는 게 없던
착한 어린이였다

모래무지

 개울에 가면 아버지는 맨손으로 물고기부터 잡았어요 나를 위해 손바닥만 한 웅덩이 속에 모래무지 한 마리를 잡아 넣어주고는 예쁜 돌들을 찾아 떠났어요

 한눈을 팔면 금세 모래 속으로 숨어버리는 모래무지처럼 아버지는 자주 물속으로 사라지곤 했어요 놀라서 벌떡 일어나 바라보면, 물 밖으로 허리를 펴며 나타난 아버지가 돌을 눈앞까지 들어 올려 이리저리 살펴보고 있었어요

 칭얼대는 해를 몇 번이나 들쳐업던 아버지는 깜깜해져서야 커다란 돌덩이 하나를 안고 돌아왔어요
 "이 돌이 뭐 같으냐?"
 "잘 모르겠어요."
 "돌에서 나는 물소리가 안 들려?"
 "……"

 집으로 돌아가는 아버지를 따라가다 발이 삐끗했을 때, 커다란 슬리퍼를 고쳐 신으며 나는 생각나고 있었어요

자갈을 둘러 만든 웅덩이, 여전히 그 속에서
삼켰던 모래를 뱉어내고 있을 모래무지를요

아버지는 벌써 저만치 앞서가고 있었어요
어차피 두고 갈 돌을 보물처럼 안고 아버지는
서둘러 멀어지고 있었어요

모래무지가 뱉어낸 모래알들은
지금도 그 웅덩이 속에 남아 있어요

그가 남긴 물소리를 기억하고 있어요

사라지는 물고기들

겨울이가 늙은 몸을 절뚝이며
내 발 냄새를 맡으러 걸어오고 있었다

머리에서 몸까지 가는 길이 멀어져서
한참을 돌아가야 하는 그런 때
밥때처럼 돌아오는 그런 때

바쁜데 왔구나
바쁜데 왔구나는 병원에 갈 때마다
내 아버지가 하던 말

비타500을 내 무릎 앞에 내려놓는 이모
이모, 비타500은 지긋지긋해요

장롱에 기대앉은 이모부의 이마에
바닷물이 흘러들고 있었다

이모부, 낚시는 그렇게 하는 게 아니에요
입을 가져다 대면 입질만 하다
도망쳐 버리는 빨대

아버지를 잃고 그의 옆집으로 이사 오던 날
나보다 먼저 와 설거지를 하던 그의 뒷모습

비타500 뚜껑을 핥고 있는 겨울이의 등을
오래오래 쓰다듬어 주었다

꼬리를 흔들며 사라지는 물고기들의 뒷모습을
오래오래 기억하고 싶었다

타버린 돼지고기

이혼을 앞두고 있다는 친구와
마주 앉아 술을 마셨다

너무 오래 구워 타버린 돼지고기를
친구는 아무렇지 않게
소금에 찍어 먹었다

"바람피웠다는 걸 알고 나니까, 차마 와이프
얼굴을 못 보겠더라고……."

나는 대꾸 없이 술잔을 부딪치며
아르바이트생을 불러
판을 갈아달라고 말했다

타버린 돼지고기 몇 점을 남긴 채
집이 지옥 같다는 친구를
택시에 태워 보내고 나서야

나는 내 손에 묻어 있는
숯검정을 보았다

내가
무슨 짓을 한 건가 싶었다

달동네

오를수록 멀어지던 하늘
무너진 집들이 어깨를 맞대고 살던 송림동
보증금 0원에 월세 15만 원
녹슨 철문을 열면
일제히 개들이 깨어나 달을 보며 울었다
매일 밤 어머니 닮은 달이 떠오르던 창가

배로 다리를 만들어
바다로 나갔다는 옛사람들처럼
나는 아침마다 배다리* 헌책방에 쭈그리고 앉아
낡은 시집을 읽었다

바닷속으로 힘껏
부서진 배들을 밀어 넣었다

*배다리 : 작은 배를 한 줄로 여러 척 띄워 놓고 그 위에 널판을 건너질러 깐 다리

내일 10시

플라스틱 의자 위에 올라가 천장을 훔치다가
오른쪽 발목이 부러진 일흔의 어머니를
병원에 집어넣고 돌아온 시간 10시

거실 창에 붙인 나비 모양의 스티커가
사막 같은 아들의 눈에
처음으로 들어오는 시간 10시

어머니 없는 빈집을 채우려고 크게
음악을 틀고 술을 마셔 보는 시간 10시

처음 만져 보는 어머니의 낡은 속옷을 개며
확인하는 내일 수술 예정 시간 10시

혹여 영원한 이별 될까
손 흔들지 못할 시간, 내일 10시

겨울비

겨울이었지만
비는 내리지 않았고
비는 내리지 않았지만
겨울이었다

야자*를 끝내고 집으로 돌아가는 길
꽁꽁 언 손으로
손때 묻은 영 단어장을 아무리 넘겨 봐도
나는 대학에 갈 수 없다

잠을 뒤척이며
나를 기다리고 있을 어머니
닿을 수 없는 나는 그만
고아이고 싶었다

단무지 공장 닫힌 철문 앞에 앉아
어둠 속으로 사라지는 하얀 공처럼 울던 밤

나를 찾으러 나온 어머니가
나를 안고 눈사람처럼 하얗고 둥글게 울던 밤

이어폰으로 겨울비*가 흘러나오고 있었다

겨울이었지만
비는 내리지 않았고
비는 내리지 않았지만
겨울이 끝나가고 있었다

*야자 : 야간 자율학습
*겨울비 : 김종서 2집 〈2 ND STEP〉 Side A 첫 번째 수록곡

4

실패된 나는 다시 살아났다

흔들리는 어깨를 만지는 일

아무도 말을 걸어오지 않았는데
겨울 달이 울고 있었다

잘못 잡은 손을 뿌리치고
길 잃은 밤거리를 헤매는 눈송이들

눈길을 걷다 보면 알 것도 같았다
하루 사이에도 새하얗게 늙어 버리는 사람들
멀쩡했다가 갑자기 아파졌다는 사람들

날숨만 있고 들숨이 없는 고통이
다름 아닌 신이었다는 사실도

아무도 말을 걸어오지 않았는데
겨울 달이 울고 있었다

흔들리는 어깨를 만지는 일이
신에게 가는 길처럼 아득했다

솔방울

그것은 움켜쥔 주먹이었어
나는 주먹이 쥐고 있던
허공의 유일한 목격자였지만
아무도 나를 소환하진 않았지

죽이는 연기(演技)는 늘
자기를 죽인 배우에게서 나오듯이
그가 남긴 발자국엔 액션 대신
맛있는 모션이 드레싱 돼 있었어
맛을 좌우하는 게 설탕이 아니라 소금인 것도
나는 그가 죽고 나서야 알았지만

멈춰 버린 주먹을 가슴에 품어 본 적이 있어
멈춰 버린 주먹에 입술을 대고 주먹처럼 웅크린 채
울어본 적이 있어
그래서 나는 오늘도 열심히

내가 그의 자식이었음을 증명하는 중이야
누구 하나 쓰러뜨리지 못하는 이런 시 같은
대미지 없는 잽을 쭉쭉 뻗으면서

그의 오래된 일기장 속
얼룩처럼 남아 있는 나의 이름
나는 내가 그의 단단한 허공이었음을 속절없이 자백해
그래서 나는 오늘도 열심히
내가 그의 자식이었음을 속절없이 증명해

이제 다시는 만질 수 없는 그의 주먹
그래 나는 명확한 허공이야

유년의 빗물

내가 태어나 자란 곳
경기도 광명시 광명 1동 11-136번지
보은연립이 철거되었다

열여덟 평에
여섯 식구가 들어 살던
그물집이었다
깨진 창문으로 겨울을 닫고
연탄 없이 여름을 달구며
열다섯 해를 난 집이었다

높이 솟은 철거대 위로
간신히 바라다 보이는 나의 유년이
나를 내려다보며
유서처럼 울었다

받쳐놓은 양동이 속으로
매달릴 곳 없는 빗물이
뚝뚝 떨어지고 있었다

뇌종양 수술

나는 누워 있었고
두피는 절개되었다

움직이지 않아도
먼 곳에 닿는 기분
손 하나 까딱하지 못하고
허물어지는 그런 기분

해머를 들어
두개골을 깨부수는 인부들
하늘을 가린 가설 울타리

골목에 널려 있던 고추를 밟으며
포클레인이 지나간다

낙서 가득한 격막*이 무너지고
낡은 골목의 경계를 따라 붉은 깃발이 세워질 때

감은 눈가에선 눈물이 흘렀다

철저한 분석과 치밀한 계획
수술이 끝나고 감았던 눈을 다시 떴을 때
골목은 사라지고 없었다

수술은 성공적이었고
실패된 나는 다시 살아났다

*격막 : 뇌막 가운데 바깥층을 이루는 두껍고 튼튼한 섬유질 막

어떤 문장

아무 문장이나 적어본다
— 에스키모인들이 순록의 가죽을 뒤집어쓰고 있다

카라멜콘과땅콩을 먹으면서
애인이 맞고를 치고 있다
익숙한 욕설을 내뱉으면서
기괴한 소리를 내지르면서

늪에서 빠져나온 톰슨가젤의
남은 한쪽 다리 같기도 하고
자궁 밖으로 쏟아져 나온
사산아 같기도 한 나의 문장

희미해지는 맥박처럼
커서가 깜빡인다

과자 부스러기를 입속에 털어 넣는
애인의 가랑이 사이로 슬쩍
손을 집어넣어 본다
어떤 문장이라도 찾고 싶었다
문장은 죽고 싶지 않았다

줄기와 잎이 좀먹은 소나무

드릴로 나무껍질에 작은 구멍을 뚫고
박카스 병만 한 영양제 하나를 꽂아 주었다

빗자루를 잠깐 세워두고
허리를 꼿꼿이 펴 보던 청소 아주머니

고놈 참, 젖 한 번 맛있게 먹네
한참을 흐뭇하게 바라보는 것이었다

늙어 죽어가는 나무에 대고 자꾸만
고놈 참, 고놈 참, 하는 것이었다

학원강사로 사는 일

 시가 좋아서, 어떻게 하면 시를 놓지 않고 살아갈까 고민하다 선택한 이 직업 앞에, 이제 막 자라기 시작한 누군가의 미래를 외면할 수 없는 이 직업 앞에, 무릎을 꿇고 머리를 조아리고 속죄하고 또 속죄해도 지울 수 없는 이 죄의식 앞에서, 내가 할 수 있는 일이란 나에게서 잠깐이나마 시를 지우는 일. 이놈의 시 따위 확, 개한테나 줘 버리는 것. 그냥 죽어라 수업 준비하고, 그냥 죽어라 강의하고, 그냥 죽어라 교재 만들고, 그냥 죽어라 복습 교재 만들다가, 그냥 죽어라고 늙어가는 것. 그리고 한두 달 사이에 확 늙어서, 개나 줘 버렸던 시를 다시 주워 오는 것.

 그것이 내가 학원강사로 사는 법

구두 속에 아이가 산다

구두 속에 아이가 산다
에나멜가죽으로 창을 가린 집

낮은음자리표로 굽은 아이의 어깨
해머로 내려친 듯한 잇단음표가
죽은 아이의 몸에서 발견되었다

여자가 지어준 이름은
제 에미 닮은 년

하루에도 한 해 동안
아이의 목을 졸랐다는 여자는
아이의 몸을 덮칠 때마다 비만이 되었다고,
모든 게 그놈의 피아노 때문이라고 소리쳤다

도돌이표처럼 반복되는 출생과
죽음을 기록하는 오선지

작은 발로 페달을 밟으며 꾹꾹
울음을 참던 아이는
여전히 구두 속에 살고 있다

플랫! 플랫! 샵! 샵!
높아진 굽 소리가 묵음으로 울려 퍼질 때
아이는 어둠을 눈썹까지 뒤집어쓰고
딱딱해진 제 몸을 구두 속에 눕혀 본다

국어의 기술

모 시인이 10년을 걸쳐 퇴고했다는 시는
수능에 출제되자마자 급격하게 수명이 줄었다

아이들은 시를 해부해
시체 부검하듯 문제를 푼다
존엄성이 허락된 시간은 3분

나는 기출에 자주 나오는
표현법 몇 개만 정리하고
시를 망가진 관 속으로 밀어넣었다

국어영역에서 좋은 성적을 받으려면
시는 〈보기〉부터 읽고 최대한 빨리 풀 것
우리에게 허락된 시간은
최대한 시를 비껴갈 것

무덤 근처에도 가지 말 것

그 꽃, 한 송이

벽돌 사이 그늘 속에서
수줍게 고개를 든
꽃 한 송이를 보았어

작은 몸보다도
더 작은 틈을 뚫고 피어난 꽃

무릎을 낮춰 바라보면
바람에 고개 흔들며
내 고개마저 끄덕이게 하던 꽃

여린 꽃잎을 부딪쳐
뜨거운 박수를 보내던 꽃 한 송이
나 같던

나,
꽃 같던

손흥민이가

축구를 무슨 손흥민이가 혼자 했냐?
그놈의 손흥민, 손흥민, 손흥민……

엄마 논리에 따르면
특별한 한 명의 전제를 통해
도출된 결론은 거짓

엄마와 아빠는 고작 월세 삼십 만 원짜리 골방에서 비닐 봉다리, 사과 딱지, 수박 망 같은 것들을 인사이드로 주고받다가 헛다리 짚기와 마르세유 턴, 사포를 연마하다가 결국 주전 자리 하나 꿰차지 못하고 한평생을 벤치 신세로 살았으니까, 그러다가 평범한 회사원인 형과 고작 시나 쓰는 나를 낳았으니까, 전제도 결론도 모두 빼박* 참인 셈이다

그래도 엄마는
손흥민만 나오면 채널을 돌리고

그래도 바뀐 채널마다
손흥민은 계속 나오고

나는 마스크 대신
비닐봉다리를 얼굴에 뒤집어쓴 채
헤더를 날리는 손흥민

그놈의 손흥민 손흥민 손흥민이가로
이런 결론 없는 시나 쓰면서
위대한 가업을 잇듯
벤치에 앉아서

*빼박 : 일이 몹시 난처하게 되어 그대로 할 수도 그만
둘 수도 없음. '빼도 박도 못하다'를 줄여 이르
는 말이다.

카운터펀치

카운트를 세는 심판 앞에서
두 주먹을 가슴 위까지 들어 올리는 것은
조금 더 싸워 보겠단 얘기
부러진 줄기를 다시 세우고
떨어지는 핏덩이로 다시 한번
꽃을 피워 보겠단 얘기
부서진 광대뼈를 향해 꽂히는 맵찬 주먹도
허기처럼 게걸스럽게 먹어 치워 보겠단 얘기

다시 한번 카운트를 세는 심판 앞에서
다시 한번 링을 붙잡고 일어나
두 주먹을 인중까지 들어 올리는 것은
사실 자기도 모르게 올라간 주먹이란 얘기
두들겨 맞은 만큼 크게 휘청이는 몸은
이쯤 되면 절망도 무조건반사란 얘기
이판사판 공사판이란 얘기

그래도 아직은
종이 울리지 않았단 얘기
아직도 팽팽한 정신 줄 위에서
이제 막 워밍업을 끝낸
마지막 한 방이 남아 있다는 얘기

신원석 시집「흔들리는 어깨를 만지는 일」해설

기발한 전이적 담론의 시학

조 명 제

1

우리가 한 시인에게 거는 기대는 새로움이다. 김수영의 새로움의 시학이든, 김춘수의 무의미 시학이든, 혹은 80년대 시인들의 배은망덕의 논리이든 그 모두 새로움을 향한 도전의 시적 사상이었다.

새로움이란 조상들의 시, 동시대 선배들의 시와 비교, 대조 속에서 드러나는 가치이다. "이미 있던 것이 이후에 다시 있겠고, 이미 한 일을 후에 다시 할지라. 해 아래에는 새것이 없나니"라는 '구약성경' 전도서 1장 9절의 말씀은 여간 우리를 압박하는 것이 아니다. 또한, "우리는 그 시인이 그 이전의 시인들과 다른 점, 특히 바로 직전의 시인들과 다른 점을 만족스럽게 강조하며, 그것만 따로 분리시켜 즐길 만한 것이 있는가를 찾고자 애쓴다. 그러나, 만일 우리가 이러한 편견을 갖지 않고 한 시인에 접근해 보면, 그의 작품의 가장 훌륭한 부분뿐만 아니라 가장 개성적인 부분까지도 작고한 시인, 즉 그의 조상들이 가장 힘차게 그들의 불멸성을 발휘한 부분인 것을 흔히 알게 될 것이다."라는 T.S.엘리어트의 지론 역시 창조성을 생명으로 하는 예술가에게는 커다란 압박이 되는 것이라고 하지 않을 수 없다. 그 같은 압박을 다 감당할 수는 없더라도 다만 우리는 맹목적 답습이 아니라 전통의식에 의한 시간 속의 자기 위치를 명확히 각성하고 '새로운 것' 하나를 보태는 작업의 정예(精銳)가 되어야 하는 것이다.

신원석 시인의 시집 『흔들리는 어깨를 만지는 일』을 읽어 보면, 예사롭지 않게 그만의 독특한 화법과 문법이 있고, 표현의 정밀성과 비유적 전이(轉移)의 기율이 개성적 특징을 이루고 있다. 그의 기발한 은유적 상상력과 정황적 담론의 시적 형상은 근래 보기 드문 재능의 결과로 보인다. 이를테면 그는, 근래 유행하고 있는 산문시들에서 이름을 가리고 본다면 누구의 작품인지 거의 구별되지 않는 현상과는 현저히 비교되는 특성적 개성을 드러낸다.

죽음밖에는 쓸 줄 모르냐고 묻는 사람이 있었다

내 시집의 문을 열고 들어온 너는
동물원 간식 코너에서 한참을 서성거리다
매일 이를 잡아먹는 원숭이 얘기를 하며 웃었지

나무와 나무 사이를 건너며 사는 원숭이들에겐
겨드랑이에 나이테가 있다고
어떻게 말할 수 있었겠어 너에게
원숭이들이 덥수룩한 털을 고르며
꿈꾸듯 이를 잡아먹는 일이
나에겐 시를 쓰는 일이라고
-「원숭이」 전반부

신원석의 시에서 전이(轉移)의 형식은 특이하게 이루어진다. 전이는 물론 은유의 본질적 양상이고, 은유적 상상력의 속성적 원리이다. 텍스트에서 시인은 원숭이를 주요 대상으로 부각시키며 "원숭이들이 덥수룩한 털을 고르며/ 꿈꾸듯 이를 잡아먹는 일이/ 나에겐 시를 쓰는 일이라고" 관계 짓는다. 그리고 시상(詩想)이 죽음의 문제로 전개되면서 화자 '나'는 어느 새 원숭이로 전이되고, 상황적 장면은 원숭이의 생태적 양상으로 묘사된다.

죽음은 엎어진 밥그릇처럼
자꾸만 쓰러진 허기를 키운다고
둥근 무덤 속을 기어나온 나의 아가가
내 배 아래 매달려
또 한 생의 허무를 배우는 중이라고
어떻게 말할 수 있었겠어 원숭이인 내가

나는 사람들이 던져주는 바나나를
잘도 받아먹는 원숭이
맛있니? 하고 묻는 사람들보다
더 사람 같은 원숭이를 보며 사람들은 손뼉을 치고
원숭이들의 수명(受命)을 물으며 너는
대충 읽은 시집을 덮듯
동물원을 떠나가고
-「원숭이」 후반부

  여기에서 주목되는 것은 죽음, 특히 "둥근 무덤 속을 기어 나온 나의 아가"와 '허기'라는 의미이다. 허기는 이 텍스트의 여러 곳에서 표현되어 있다. 동물원 간식 코너에서 서성이는 너, 매일 이를 잡아먹는 원숭이, 쓰러진 허기를 키우는 죽음, 바나나를 받아먹는 원숭이인 나, 그리고 늘 허기진 시를 쓰는 일 등등이 그런 표현체를 이루고 있다. 문제는 '나'라고 하는 주체적 화자가 원숭이로 전이되어 고스란히 원숭이적 시선과 행동 양상으로 표현된 것이다. 이 시는 시집 읽기와 동물원 구경이라는 접속 카테고리를 가지고, 죽음과 허기의 문제적 의식과 시[시집] 읽기의 세속적 허구성을 진단하고 있는데, 전이의 양상이 특별하여 시 텍스트 이해와 감상에 있어서 중요한 코드로 작용한다.

오랜만에 놀러 온 다섯 살짜리 조카를
집에 두고 출근할 때
그 어린 것이 달려와 내 목을 끌어안고
바닥을 튕긴 발로 내 허리를 칭칭 감아올 땐
바다 쪽으로 기울어져 자란다는
카리브해의 야자수가 된 것만 같다

바다로 나가고 싶은 꼬마들이
소라로 만든 나팔을 들고 기어오른다는 나무
바다로 떠난 아이들이 돌아올 때까지
줄기 대신 뿌리를 키운다는 나무

머지않은 어느 날 이 어린 것이
신나게 매달릴 수 있는 나무 한 그루
사라질 생각을 하니
모래 속에 파묻힌 내 여린 뿌리에도
다시 푸른 힘줄 하나가 돋는다

카리브해에는
바다 쪽으로 기울어져 자라는 야자수가 있다
아이들을 태우고 바다로 나가기 위해
하늘을 버리고
바다로 눕는 나무가 있다
-「카리브해 야자수」전문

  이 아름다운 시는 은유적 상징과 전이의 방식이 사뭇 즐겁고 신선하다. 비록 텍스트의 내재적 풍경에서는 쓸쓸함의 정조(情調)가 스며있지만, 전이의 방식이 풍경으로 피어나 즐거움의 양태를 격조 있게 만든다. 시인은 어린 조카가 달려와 목을 끌어안고, 폴짝 뛰어 허리를 칭칭 감아오는 순간, 바다 쪽으로 기울어져 자라는 카리브해의 야자수를 떠올리고, 자신을 야자수와 동일시한다. 아주 신선하고 자연스러운 전이의 동일화에 성공하고 있으며, 이 작품의 제3연은 이미지의 전이 양상이 절묘하게 형상화되어 주제적 무게를 가볍게 견인한다.

   고전시학의 성인 아리스토텔레스는 『시학』(21장)에서 "은유는 사물에, 다른 어떤 사물에 속하는 명칭을 부여하는 것이다. 이같이 명칭을 전이(轉移)시키는 것은, 혹은 유에서 종으로, 혹은 종에서 유로, 혹은 종에서 종으로, 혹은 유추에 의거하는 것이다."라고 정의하였다. '은유란 언어 작용의 한 특수한 장치로서 한 대상의 양상이 다른 하나의 대상으로 옮겨 가거나 전이되어서 제2의 대상이 마치 제1의 대상인 것처럼 서술되는 것을 가리킨다.'라는 오늘날의 개념 정의는 그에서 비롯된 것이다. 신원석 시의 중요한 양상이 전이의 양식을 개성적 표현 장치의 하나로 삼고 있다는 사실의 근거가 되는 논리이다.

날개를 구름에 실어 보낸 딱따구리가
오동나무에 매달려 못을 박고 있었다

생을 끝내고도 끝낼 수 없는 사업인 듯
못질에 열중인 아버지
전 괜찮아요, 아버지. 방망이로 두들기기만 하면 뭐든 뚝딱 나온다는 옛날이야기 아시죠? 저는 어릴 때부터 없는 집 자식들이나 읽는다는 판타지를 보며 자란걸요. 아버지, 흙벽을 쌓아 만든 행랑채의 자식들은 개미지옥을 따라 땅속으로 들어간대요. 우리에게 어울리는 건 애초에 뒷걸음질이나 구덩이 같은 거였는지도 몰라요. 밥에 흙을 말아먹다가 흙이 된 아버지, 이제 그만 내려오세요.

그때나 지금이나

주먹으로 가슴을 내려친다고
달라지는 건 없나 봐요 아버지

제가 하는 못질이 자꾸
아버지처럼 빗나가요
떨어진 못들이 모두
구부러져 있어요
-「구부러진 못」 전문

  전이의 은유적 방식은 자연스럽게 연상의 국면으로 전개되기도 한다. 「구부러진 못」에서 텍스트적 인물인 아버지의 일생은 '못질을 한 것'으로 상정(想定)된다. 그것이 직업적인 것이었다면 아버지는 목수이겠지만, 목수적인 일[작업]이라면 은유적 기표이다. 아무튼 아버지는 "생을 끝내고도 끝낼 수 없는 사업인 듯/ 못질에 열중인" 존재로 표현된다. 아버지로 표상된 인물의 상징적 업(業)인 '못질'은 거슬러 (제2연의) 딱따구리가 오동나무에 부리로 구멍을 내고 있는 모습에 대해 "못을 박고 있었다"라는 전제적 표현을 정당화한다. 그럼으로써 전이적 연상의 강도와 자연스러움을 획득한다.

  '없는 집 자식들이나 읽는다는 판타지를 보며' 자랐다는 화자는 "아버지, 흙벽으로 쌓아 만든 행랑채의 자식들은 개미지옥을 따라 땅속으로 들어간대요"라는 다소 판타스틱한 진술로 이 작품의 정서적 국면을 드러낸다. 없는 집 자식들, 행랑채 자식들의 운명은 이미 그 무엇에 의해 결정되어 있다는 결정론적 존재관에 입각해 있다. 개미귀신이 모래밭에 깔때기 모양으로 파놓은 구덩이인 개미지옥은 개미나 딱정벌레 같은 곤충들이 지나다니다가 미끄러져 함정으로 굴러 떨어지게 돼 있다. 어이없게도 명주잠자리의 유충이라는 개미귀신은 폭 패인 함정의 가운데에 숨은 채로 있다가, 함정에 빠져든 개미를 강력한 쌍턱으로 낚아채어 체액을 빨아 먹어 버린다. 미끄러져 들던 개미가 계속 기어 올라가려고 발버둥을 치면, 개미귀신은 개미를 향해 모래를 뿌리곤 하여 도망치지 못하게 하고, 결국 함정의 가운데로 빠져 들게 만든다.

이렇듯 없는 집 자식들의 운명은 속임수와 함정의 구렁텅이에서 헤어날 수 없다는 것이 시인의 생각이다. 그러한 까닭에 "우리에게 어울리는 건 애초에 뒷걸음질이나 구덩이 같은 거"라는 논리에 상도한다. 이 같은 비극적 인식은 심지어 "밥에 흙을 말아먹다가 흙이 된 아버지"라는 극단적 표현으로 치닫는다. 인간 존재는 흙에서 왔고, 결국 흙으로 돌아간다. '주먹으로 가슴을 내려친다고' 타고난 운명이 달라지지 않는다는 비관적 인식이 깊게 드리워져 있다.

가난이나 운명의 대물림을 연상시키는 마지막 대목은 실존적 주체성의 한계를 지적한 것으로 보인다. 인과론적 결정론의 운명관을 부정한 현상학적 실존논리는 선택 결정의 주체적 인간관을 강조하였다. 그러나 그것은 개인과 집안 내력, 혹은 환경 조건 등에 따라 차별화되고, 그것대로의 한계에 봉착하는 경우가 적지 않다. 빗나가는 못질과 정통에 닿을 수 없는 운명, 그것은 일률적으로 규정할 수 없는 인간의 실존 문제이다.

2

저는 태어나고 싶지 않았어요
다들 그렇다고 하겠지만 행복하게 잘 살잖아요

죽은 자식 불알 만지기는
사무치는 사랑의 문장 같아

살고 싶어 할수록 죽어가는 시간 속을 걸어본 적이 있나요
저의 길었던 생존기를 짧은 생과의 동의어로 읽진 말아 주세요
서바이벌과 라이프는 철자조차 다른 걸요
-「토끼와 당근」 제1~3연

인간은 자신의 의지와는 상관없이 이 세상에 태어나 존재하게 된다. 존재하지 않으면 안 되도록 강제된, 무상성(無償性)의 존재인 것이다. 그런데, "저는 태어나고 싶지 않았어요"라는 시 텍스트상의 언술은 현상학적 실존논리와는 달리 사뭇 당돌하다. 거기에는 존재자의 의지가 강하게 담겨 있고, 다들 그렇게 생각하는 면이 없지 않지만, 태어나 존재하게 된 그들은 외관상 '행복하게 잘 사는 것'으로 보인다.

　탄생과 죽음, 경쟁적 생존논리의 문제는 이 시인의 주된 관심사로 보인다. "살고 싶어 할수록 죽어 가는 시간 속을 걸어 본 적이" 있느냐는 심각한 질문은 "저의 빗나간 죽음"과 직결된다. 인간 생산자인 '엄마'는 생존게임 사냥꾼들의 과녁판의 원인(원인 제공자)에 다름 아니게 된다. 사냥꾼들의 만만한 과녁이 토끼라고 상정할 때, 과녁판은 '토끼'에서 '나'로 전이된다. "나는 한 번도 달아난 적이 없는 토끼"일 뿐만 아니라 "의자에 묶인 토끼 캐리어 속에 구겨진 토끼"이다. 이 극한적 상황 속의 운명적 토끼, 곧 인간실존은 '태어나고 싶지 않은 존재'였던 것이고, '내 새끼처럼 키웠다는' '죽은 자식 불알 만지기'격의 허황된 말은 실존적 삶에 있어서 아무런 위로가 되지 못한다.

　결국 사냥과 사냥감의 관계는 '토끼와 당근'의 전복적(顚覆的) 형식으로 집약되어 나타나는 바, 시 텍스트의 말미에서 "이 세상에 당근으로 태어나고 싶은 토끼가 어디/ 있겠어요 당근으로 죽은 당근이 어디 있겠어요"라는 당돌한, 그리고 의미심장한 언어로 표현된다. 사냥꾼과 사냥감, 식자와 피식자의 운명적 관계를 극명하게 나타낼 뿐만 아니라, '당근이 당근으로서 당근답게 죽지 못하는 당근'의 비극적 인식을 통해 생존게임 같은, 살벌한 삶의 실존적 문제를 시인은 특이한 방법적 상황으로 형상해 낸 것이다.

건기를 건너온 임팔라 한 마리
물속을 들여다보고만 있다

S자로 뻗은 두 개의 뿔은
점심을 굶고 사 모은 시집 몇 권

물에 비친 제 뿔에 마음이 찔린 짐승은
한 방울의 눈물을 물 위에 떨구고

파동을 읽어낸 거대한 입이
와장창 유리를 깨고 나와 뿔을 낚아챈다

"야, 알바! 무슨 PC방 알바가 시집이냐? 가서 라면이나 하나 끓여 와."
-「자라나는 뿔」 전반부

  날카로운 이빨과 발톱을 갖지 못한 소나 염소, 혹은 사슴류의 초식동물은 대신 단단한 뿔을 가졌다. 위험에 대응하기 위해 생겨난 별개의 장치일 것이다. 김광규 시인은 일찍이 「소」라는 작품에서 "도살장으로 가는 트럭 위에/ 소들이 실려 있다// 소들은 왜 끌려만 다니는가/ 소들은 왜 죽으러 가는가/ 소들은 왜 뿔을 가졌는가"라고 노래한 적이 있다. 그것은 채찍을 맞으며 농사에 혹사당하고, 도살장으로 끌려가는 소들을 보면서 가지게 되는 일반적 생각을 간결하게 대변한다.

  시 「자라나는 뿔」의 임팔라는 사슴류의 초식동물로, 휘어진 뿔이 길고 날카롭게 생겼다. TV의 자연 다큐멘터리에서 흔히 보아 온 아프리카 임팔라의 생태적 운명을 압축적이면서도 재치 있는 상황적 논리로 구성해 놓은 이 작품의 전반부에서 주목되는 부분은 제2연의 "S자로 뻗은 두 개의 뿔은/ 점심을 굶고 사 모은 시집 몇 권"이다. 어렵게 건기를 건너와 물웅덩이를 만난 임팔라는 물을 먹을 참이지만, 스스로 제 운명을 예감이라도 하는 듯 "물에 비친 제 뿔에 마음이 찔리고, 한 방울의 눈물을 물 위에" 떨군다. 그 눈물방울의 파동은 기회를 노리고 있던 악어에게 감지되고, 원시적 근력을 자랑하는 악어는 순식간에 물유리를 깨고 튀어 올라 임팔라의 뿔을 낚아채어 물속으로 들어가 버린다. 생존게임은 이렇듯 싱겁게 끝이 나고 만다. 도대체 S자로 뻗은 두 개의 뿔은 무슨 소용이란 말인가. 소들은 왜 뿔을 가졌고, 사슴은 무엇 하러 또 뿔을 가졌는가? 그것은 가난한 자가 "점심을 굶고 사 모은 시집 몇 권"마냥 쓰잘데없기는 마찬가지가 아닌가. 현실원칙에서 볼 때 시[문학]는 밥이 되는 것도 아니고, 이제는 권력에 이르는 지름길도 되지 못한다. 근대 이후 부질없는 것이 된 시는 "야, 알바! 무슨 PC방 알바가 시집이냐? 가서 라면이나 하나 끓여 와."라는 상황적 현실에서 보듯, 세속의 비아냥 거리가 되고 말았다.

뿔이
뜨거운 냄비 받침으로 드러누울 때도
뿔을 이고 살기로 한 임팔라는
쓰러지는 세계를 뿔 하나로 떠받치는 꿈을 꾸었다

뿔이 강물 속으로 제 몸을 끌고 들어가도
임팔라는 뿔과 이빨을 바꾸고 싶진 않았다
냄새에 침은 고였어도 라면이
뿔보다 배부르진 않았다
-「자라나는 뿔」 후반부

   신원석 시인 특유의 방식대로 뿔→시집(시)→시인으로 전이된 후반부의 국면에서 이상과 현실 사이의 괴리와 '뿔과 이빨'을 바꿀 수 없는 임팔라의 숙명적 비극성을 날카롭게 드러낸다. 그러면서도 뿔을 가진 운명을 부정하지는 않는다. 세상은 초식동물의 뿔처럼 당장은 쓸모없어 보이는 문학이 인간의 참된 삶의 늘푼수로 작용하는 가치를 암시하고 있는 것이다. 뿔을 가진 자의 약점과 허점을 알고 교묘히 낚아채어 잡아먹는 사나운 이빨의 짐승은 그 힘의 우위에도 불구하고 멸종에 가까워지고 있지만, 어쩌면 한낱 장식에 지나지 않는 뿔을 가진 초식동물은 번성한다. 뿔에 대한 믿음이 자라고, 뿔에 대한 소문이 자라며, 뿔에 대한 꿈이 자란다. 시제(詩題) '자라나는 뿔'은 쓸모없는 것의 쓸모 있음으로 상징되는 '문학의 꿈'을 일컬음에 다름 아니다.

한편 신원석 시인은, 어머니를 응급차에 태우고 대학병원을 찾아 헤매며 '뜸 들이는 게 버릇인 의사들'과 실랑이를 벌이는 곤욕스러운 경험을 형상한 「말장난」, 출근길 교통체증에 갇혀, 속이 타들어 가는 극단의 상황적 현실을 실감으로 묘사한 「그런 날 있잖아요」 같은 작품들을 통하여 그의 시적 현실감각을 유감없이 발휘한다. 물론 사랑의 문제에 있어서도 그는 혁신적이고 감각적인 언어로 구현해 냄을 보여준다.

원유를 분류해서 나프타를 얻고
나프타를 분해해서 에틸렌을 얻고
에틸렌을 중합하여 얻은 폴리에틸렌 용기에
함부로 물을 붓진 말아줘

이 복잡한 고분자화합물의 문을 열고
뜨거워진 물을 쏟아부을 땐
딱 선까지만
모자라지도 넘치지도 않게
-「사랑을 시작할 때」 전반부

남녀 간의 사랑의 문제만큼 미묘한 심리적 복잡성이 또 있을까. 시인은 그 같은 사랑의 복잡 미묘한 상황을 고분자화합물의 과정적 현상처럼 아슬하고 흥미롭게 표현한다. 그 아슬함은 후반부에 이르러, 과거 강우식 시인이 단시(短詩)에서 읊은 '3분이면 끝나는 라면 같은 남자'(「하얀 가루약」, 『雪戀集』) 같은 분위기를 스쳐 가지만, 심리적 고단수의 표현이 여간 아니다.

그런가 하면 「블록체인」에서 시인은 AI시대, 데이터 정보 및 데이터 복제 시대의 초고속 진화 양상을 다루고 있다. 지금은 정보통신 및 AI산업의 선두주자들의 주가가 천정부지로 치솟아 세계 경제력을 장악해 버리는 시대이다. '체인'이라 하면 떠오르는 자전거 체인은, 이를테면 "체인이 풀린 자전거를 손 봐 준다며/ 작업 걸던 그녀는 이미 상장 폐지된 지 20년"의 구닥다리 시대의 풍속이라는 것이다. 유전자 복제(생명체의 유전) 정도나 생각하여 "나를 닮은 아이를 낳는 게 두려워 비혼을 선언한 나는/ 데이터를 복제해 저장한다는 기술 앞에 무턱대고" 두렵기만 하다. 그러니까 시인은 블록체인, 곧 '블록에 데이터를 담아 체인 형태로 연결하는' 첨단 정보기술의 시스템을 따르거나 이해할 순간도 없이 대다수의 사람들은 멀쩡히 낙오될 수밖에 없는 시대상을 풍자적으로 그린 것이다.

우리가 바라고 예상했던 모습의 세상으로 변해 가고 있지 않은 것 같다는 생각은 통념이 되고 있지만, 거센 기술 혁명의 흐름 앞에 직면한 집단 지성은 전혀 방어기제로 작용하지 못한다. 우리는 그렇게 소처럼 끌려 갈 것이다. 이른바 NVIDIA나 오픈AI 같은 거대 데이터 정보사들이 주도해 가는 시대에 디지털문명의 미아(迷兒)가 되고 있는 현대인의 실상을 신원석 시인은 절제된 감각과 언어적 통제로 맛깔나게 형상화해 놓은 것이다.

3

가족 문제는 시인들에게 있어 중요한 시적 테마를 이룬다. 어머니에 대한 시가 가장 많은 수를 차지하겠지만, 시인에 따라서는 조부모나 외조부모가 중요한 시적 대상으로 취급되기도 한다. 형이나 누나, 아버지와 숙부도 가정 사정이나 상황적 갈등의 대상으로 동원되기도 한다. 신원석 시인의 시를 보면, 할아버지와 할머니, 어머니와 아버지, 형, 이모와 이모부 등의 가족 층이 시의 대상으로 나타나 상당한 비중을 차지한다.

중풍 든 할아버지가 창가에 앉아 햇살을 맞고 있었어
꽃봉오리처럼 오그라진 손을 들고
(그것이 나를 위해 피는 꽃이 아니라는 걸 나는 진작에 알았지만)

저녁마다 입속에 노루모*를 털어 넣고
구멍 난 메리야스로 방바닥을 훔치던 할머니
그녀의 꼬부라진 허리에 손을 얹고
나는 어쩌면 아주 잠깐
그녀를 사랑했는지 모르지만
(할머니는 자꾸 내 이름을 까먹어)

유리창 없는 창틀에 얼굴을 밀어 넣고
액자처럼 종일 걸려 있어 봐도
엄마 아빠를 밀어내는 버스는 오지 않았지
-「미끄럼틀의 역사」 전반부

 이 작품 전반부의 두 개의 연은 할아버지와 할머니에 관한 묘사로 구성되어 있다. 중풍 든 할아버지는 창가에 앉아 햇살을 맞고 있고, 저녁마다 노루모(위장약)를 복용하던 할머니는 꼬부라진 허리를 한 채 헌 메리야스로 이따금 방바닥을 훔치곤 하였지만, 화자에게는 치매기를 보이던 때의 기억이 뚜렷이 남아 있다.
 인용 부분의 제3연을 보면, 평이한 현상을 시인이 얼마나 특이한 화법으로 구사하려 애썼는지를 알 수 있다. 유리창도 깨져 버리고 없는, 어설픈 액자 같은 창틀에 얼굴을 내밀고, 귀가하는 엄마 아빠를 기다리는 아잇적 추억을 시인은 표현미학의 한 결정(結晶)으로 보여준다. 중풍과 치매를 앓고 있는 조부모에다 좀체 돌아오지 않는 엄마와 아빠에 대한 기억을 가지고 있는 화자는 우울하고 슬픈 정서적 내상(內傷)을 입은 것이 분명해 보인다. 어린 나이에 심각한 죽음 의식을 가지게 되고, 아무렇지도 않게 미끄럼틀 계단을 오르고 미끄러지곤 하던 아이들과는 달리, 미끄럼틀 아래에 앉아 울며 아이들의 슬픈 꿈을 생각했던 기억의 역사를 드러낸 작품이 「미끄럼틀의 역사」인 것이다. 여기에서 시인의 정서적 혹은 정신적 조숙성을 엿보게도 된다.

엄마에 대한 기억이나 추억의 내력은 「짜장면, 차이나타운」에 잘 나타나 있다. 손위 육촌과의 짜장면 일화를 가지고 있는 엄마의 성장시대를 다룬 이 작품은 당시 시골에 살던 여자아이들의 고통스럽지만 흔한 성장 스토리를 보여준다. 열다섯 나이에 소여물 죽을 쑤고, 줄기차게 울어대는 세 살짜리 여동생을 등에 업고 어르고 달래다가 소처럼 울어 버렸다는 엄마의 소녀시절 사연이다.

그땐 다들 그랬다고
청일면의 소들은 모두
학교 안 가는 여자애들이 키웠다고
세 살짜리 혜숙이도
열다섯 살 명근이도
그땐 모두
소처럼 자랐다고
-「짜장면, 차이나타운」 끝 연

　그때는 사실 다들 그랬다. 칠팔 남매가 예사이던 그 시절에는 언니가 아래의 아랫것을 업어 키우는 릴레이식 육아 형식이었고, 집안일, 논밭일 심부름, 쇠꼴 베기, 쇠죽 끓이기 등등의 일을 맡아 해야 했다. 그런 어머니가 어느 새 늙어 "내 보통 걸음보다도 느린 그녀의 질주"(「어머니의 질주」)로 애틋한 날을 맞는다. 느린 걸음의 어머니가 빨간 신호등 앞에서 멈춰 설 때, 사나운 경적 소리들이 어머니를 할퀼 듯 스치고 지나는 순간 시인의 마음은 울음으로 가득 찬다.

자동차 뒷거울 속
멀어지는 그녀를 바라보며
나는 오늘도 출근하는 중이에요

우리는 오늘도 전속력으로
헤어지고 있어요
-「어머니의 질주」 끝 부분

 어정 걸음의 아침 산책길의 어머니와 승용차로 출근하는 아들이 평행을 이루는 시간은 짧고, 둘 사이의 멀어지는 거리는 급속히 벌어진다. 어머니에 대한 연민의 정은 멀어지는 거리만큼 깊어진다. "플라스틱 의자 위에 올라가 천장을 훔치다가/ 오른쪽 발목이 부러진 일흔의 어머니를/ 병원에 집어넣고 돌아온 시간 10시"(「내일 10시」) 시인은 불안하고 막막한 심경의 가슴 아픔으로 밤을 지샌다. 어머니 없는 빈집의 공간들이 새삼스러워 음악을 틀고 술을 마셔도 본다. 입원실로 가져가기 위해 평생 처음으로 만져 보는 어머니의 낡은 속옷가지를 개며, '내일 10시' 수술실로 실려 갈 어머니와 '영원한 이별'이 될까 봐, 수술 잘 받고 나오라고 손 흔드는 것도 못할 것 같은 불안감과 걱정에 잠을 이루지 못하는 밤이다.

겨울이었지만
비는 내리지 않았고
비는 내리지 않았지만
겨울이었다

야자*를 끝내고 집으로 돌아가는 길
꽁꽁 언 손으로
손때 묻은 영 단어장을 아무리 넘겨 봐도
나는 대학에 갈 수 없다

잠을 뒤척이며
나를 기다리고 있을 어머니

닿을 수 없는 나는 그만
고아이고 싶었다
-「겨울비」 제1-3연

 가난한 시절, 가난한 날들의 일기(日記)는 눈물로 가득하다. 한겨울에도 야간 자율학습을 하고 손때 묻은 영어 단어장을 외워도 대학 입시에 합격할 자신이 없는 화자는 잔뜩 희망을 걸며 기원하고 있을 어머니의 기대치에는 닿을 수가 없을 것 같아 차라리 '고아이고 싶었다'는 절망감을 나타낸다. 그 절망감의 한때는 "단무지 공장 닫힌 철문 앞에 앉아/ 어둠 속으로 사라지는 하얀 공처럼 울던 밤/ 나를 찾으러 나온 어머니가/ 나를 안고 눈사람처럼 하얗고 둥글게 울던 밤"(「겨울비」)의 상황으로 적실하게 형용된다. 그 같은 슬픔과 연민의 추억들이 수술을 앞 둔 전야(前夜)의 어머니 생각에 얹혀, 비는 내리지 않지만 비 내리는 겨울날 같은 우울하고 슬픈 정조(情調)와 겹쳐 읽힌다.

개울에 가면 아버지는 맨손으로 물고기부터 잡았어요 나를 위해 손바닥만 한 웅덩이 속에 모래무지 한 마리를 잡아 넣어주고는 예쁜 돌들을 찾아 떠났어요
한눈을 팔면 금세 모래 속으로 숨어버리는 모래무지처럼 아버지는 자주 물속으로 사라지곤 했어요 놀라서 벌떡 일어나 바라보면, 물 밖으로 허리를 펴며 나타난 아버지가 돌을 눈앞까지 들어 올려 이리저리 살펴보고 있었어요
-「모래무지」 제1연

 시 「모래무지」는 어릴 적 아버지와의 아련한 추억을 담아 낸 작품이다. 개울에 나가면 아버지는 맨손으로 물고기를 잡아, 물가에 작은 웅덩이를 만들고 그 속에 넣어 준다. 모래무지 한 마리를 잡아넣어 준 그 날, 아버지는 잠수를 하며 물고기 대신 예쁜 돌들을 찾아 물 밖으로 나타나서는 돌을 눈앞까지 들어 올려 이리저리 살펴보곤 한다. 그러다 커다란 돌덩이를 안고 나와서는 "이 돌이 뭐 같으냐?/ …돌에서 나는 물소리가 안 들려?"하고 묻는다. 영문을 알 수 없는 아들은 "어차피 두고

갈 돌을 보물처럼" 여긴다고 생각한다. 더 이상의 힌트가 없어 확신할 수는 없지만, 아버지는 수석(壽石/水石)을 찾고 있었던 것이 아닌가 싶다.

  수석인들은 강변의 돌밭에서 탐석을 하거나 물속에 잠수하여서도 한다. 오석(烏石)은 물빛을 머금고 물소리의 내력을 지니고 있다. 수석 애호가에게 돌[명석]은 보물이고, 보석이다. 그 같은 내막을 모르는 아들은 두고 온 물웅덩이의 모래무지 생각뿐이다. 삼켰던 모래를 뱉어내고, 모래무지가 뱉어낸 그 모래알들은 아직도 그 웅덩이 속에 남아 있는 것으로 기억한다. 아버지가 돌에서 물소리를 들어내듯 시의 화자가 된 아들도 먼 훗날 "그가 남긴 물소리를 기억하고 있다". 개울가에서 아버지와 물고기를 잡던 시절의 추억을 그린 이 작품은 시인의 내면 깊은 곳에 그리움의 시간으로 새겨져 있음을 드러낸 것이다.

항암치료를 거부하는 아버지와
아버지 팔에 매달려 아이처럼 우는 형과
마르지도 않는 손등으로 연신 눈물을 훔쳐대던 어머니

나는 그들을 몽땅 차에 태우고
죽기 딱 좋은 곳으로 납치하고 싶었다
두꺼운 암막 커튼으로 창이란 창은 모두 가리고
깨지 않는 깊은 꿈속에서 그들을 모조리
죽여 버리고 싶었다
-「아버지의 눈물」 제4-5연

  어렵게 세상을 살아온 아버지의 노환과 질병, 암 투병과 사망으로 이어진 과정은 시인에게 엄청난 충격으로 다가온다. 추석 차례도 지내지 못한 채 말기 암을 진단받은 아버지의 치병을 위해 애써 보지만, 온 가족이 속수무책의 정신적 혼돈을 겪는다. "소설깨나 읽은 나도 찾아낼 수 없었던/ 그날의 복선/ 퇴고를 허락하지 않는 현실은/ 어느 페이지를 열어도 절정뿐이었다"(제2연)라는 대목은 절망의 절정을 드러낸다. 말기 암 판정을 받기 전까지는 그렇다손 치더라도, 말기 암이라는 진단을 받지 않았다면 연명 치료를 한답시고 오히려 가산(家産)이 탕진될 것을 잘 아는 터인 아버지의 "나 살겠다고 괜히 내 새끼 죽일 뻔했구먼……."이라는 말은 하늘이 무너져 내리는 소리에 다름 아닐 터이다.

인용한 부분의 제5연은 자칫 엽기적인 생각처럼 느껴지겠지만, 아버지 질병의 불치(不治), 회생불능의 아버지에 대한 극한의 심리적 충격을 드러낸 것이다. 그리운 모래무지의 추억을 남겨 주신 아버지는 그렇게 세상을 뜨고, 화자는 그제서야 "아빠, 하고 애처럼 불러 본다/ 나도 눈물이 되어 본다"라고 사별의 슬픔과 눈물의 쓰라림에 젖는다.

보름달 같은 호박전을 굽는다
아버지는 생전 호박전을 드신 적이 없고
보름달은 늘 아버지의 젓가락을 빗나갔었다

노릇노릇해질 때까지 기다렸다가
뒤집어 다시 기다리는 사이
그만하면 됐다고, 지루해하는 나의 어깨를
아버지의 마른 손길이 더듬고 있었다
-「네 번째 추석」 제1-2연

추석 차례도 지내지 못하고, 말기 암과 싸우다 돌아가신 아버지 이후 네 번째 맞는 추석날의 정황을 형상한 작품이다. 담담한 어조의 이 작품에서 다소 심리적 안정을 되찾은 것 같지만, 어머니는 여전히 눈물을 훔치신다. "보름달은 늘 아버지의 젓가락을 빗나갔었다"라는 표현의 암시적 진술이 돋보이고, 아버지에 대한 그리움을 "그만하면 됐다고, 지루해 하는 나의 어깨를/ 아버지의 마른 손길이 더듬고 있었다"라고 표현한 대목은 눈물의 숙연함을 자아낸다.

4

내가 태어나 자란 곳
경기도 광명시 광명 1동 11-136번지
보은연립이 철거되었다

열여덟 평에
여섯 식구가 들어 살던
그물집이었다
깨진 창문으로 겨울을 닫고
연탄 없이 여름을 달구며
열다섯 해를 난 집이었다
-「유년의 빗물」 제1-2연

 오늘날 우리가 누리는 일반적 풍요는 그리 오래 된 일이 아니다. 한국전쟁 이후 한 30년까지는 대체로 극빈한 환경에서 태어나고 자랐으며, 물질적 가난은 생존의 훈장 같은 것이었다. 열여덟 평의 허름한 연립주택에 여섯 식구가 사는 예사로운 집에서는 "받쳐 놓은 양동이 속으로/ 매달릴 곳 없는 빗물이/ 뚝 뚝 떨어지고", 으레 "깨진 창문으로 겨울을 닫고/ 연탄 없이 여름을 달구며" 가난의 터널을 지나야 했다. 이번 시집에서 물질적 가난의 시적 형상을 실현하여 보여준 시편은 도처에서 발견된다.

 엄마와 아빠는 고작 월세 삼십 만 원짜리 골방에서 비닐봉다리, 사과 딱지, 수박망 같은 것들을 인사이드로 주고받다가 헛다리짚기와 마르세유 턴, 사포를 연마하다가 결국 주전 자리 하나 꿰차지 못하고 한평생을 벤치 신세로 살았으니까, 그러다가 평범한 회사원인 형과 고작 시나 쓰는 나를 낳았으니까, 전제도 결론도 모두

빼박* 참인 셈이다
-「손흥민이가」 제3연

 제1연의 "축구를 무슨 손흥민이가 혼자 했냐?/ 그놈의 손흥민, 손흥민, 손흥민……"은 "특별한 한 명의 전제를 통해/ 도출된 결론은 거짓"이라는 엄마의 논리가 함축되어 있는 말이다. 이 시는 그러면서 시종 축구 용어로 버무려 가며 흥미롭게 형상한 작품이다. 인용 부분인 제3연은 산문시 스타일로 표현되어 있는데, 궁핍한 시절의 부모님의 생활 양상을 읊으며, '인사이드, 헛다리짚기, 마르세유 턴, 사포, 주전 자리, 벤치 신세' 등의 축구 용어를 적절히 구사하고 있다. 중층적 은유의 형식을 십분 발휘한 것이라 할 수 있는데, 특히 '인사이드, 헛다리짚기, 벤치 신세' 같은 용어는 결코 인생 역전을 이루지 못한 서민의 구조적 삶을 적확하게 나타내는 데 기여하고 있다. 그리고, 시인은 이 시의 마지막을,

그놈의 손흥민 손흥민 손흥민이가로
이렇게 결론 없는 시나 쓰면서
위대한 가업을 잇듯
벤치에 앉아서
-「손흥민이가」 끝 연

라고 마무리한다.
   한국적 서민의 가난은 그 구조적 모순에 의해 일종의 대물림 현상으로 나타나고 있음을 풍자하고 있는 것이다,

오를수록 멀어지던 하늘
무너진 집들이 어깨를 맞대고 살던 송림동
보증금 0원에 월세 15만 원
녹슨 철문을 열면

일제히 개들이 깨어나 달을 보며 울었다
매일 밤 어머니 닮은 달이 떠오르던 창가

배로 다리를 만들어
바다로 나갔다는 옛사람들처럼
나는 아침마다 배다리* 헌책방에 쭈그리고 앉아
낡은 시집을 읽었다

바닷속으로 힘껏
부서진 배들을 밀어 넣었다
-「달동네」 전문

  동인천 송림동의 배다리 헌책방 거리는 한때 40여 점포를 헤아렸으나 지금은 대여섯 헌책방들이 모여 영업을 하고 있는 곳이다. 예전에는 바닷물이 들어오던 갯골이 있어서 작은 배와 배를 연결하여 다리 삼아 건너다녔던 연유로 붙여진 이름의 마을이다. 시 텍스트의 송림동은 서민들의 가난한 삶의 환경을 극명하게 보여준다. 화자는 가난한 환경 속에서도 배다리 골목의 헌책방을 찾아서는, 책방의 한쪽에 쭈그리고 앉아 시집을 읽는다. 시를 읽고, 시를 생각하고, 시인을 꿈꾸는 것이 그 무렵의 낙이고, 정신력의 추구였을지도 모른다. 이성복 시인이 '시인은 어렵게 살아야 하지 않을까요.'라고 한 말에는 복합적인 의미가 내포되어 있겠지만, 어렵고 궁핍한 환경 속에서 살아 보지 않고서는 절실하고 진실된 시를 쓸 수 없을 것이라는 말이겠다.

  19세기 말 프랑스의 드레퓌스 포병대위 간첩조작사건 때, 절친 작가 에밀 졸라에게 무고한 드레퓌스 구명 운동을 여러 차례 강권하다 지친 화가(폴 세잔느)는 마침내 '예술가는 배때기에 기름이 끼면 안 돼!'라고 하던 영화가 생각난다(80년대 초 흑백 TV로 본 영화였는데, 결국 세잔느의 강권에 떠밀린 에밀 졸라는 한 신문에

「나는 고발한다」라는 제하의 글을 기고하여, 드레퓌스 대위 구명에 결정적 역할을 하였다). 타고난 혁명가나 자기희생적 위인이 아니고서는 기름진 배때기에서 절실한 시가 나올 수 없는 법이다. 우리는 가난한 날들의 이력을 가지고 있는 시인들이 더 감동적인 작품을 쓰고 있다는 사실을 잘 알고 있다. 가까이는 요절한 기형도 시인이 그러하다. "열무 삼십 단을 이고/ 시장에 간 우리 엄마/ 안 오시네, 해는 시든 지 오래/ 나는 찬밥처럼 방에 담겨/아무리 천천히 숙제를 해도/ 엄마 안 오시네, 배춧잎 같은 발소리 타박타박/안 들리네, 어둡고 무서워/(……)"(기형도 「엄마 생각」). 그의 시 「엄마 생각」은 단순한 편이지만 계층을 초월하여 심금을 울린다. 조해옥 교수가 90년대 이후의 '정신적 가난'의 시인들을 두고 미시성에 안주하는 현상을 지적한 것은 정신적 가난이 물질적 가난의 경험적 인식의 토대 위에서 형성되지 못한 때문이라고 할 수 있다.

신원석 시인은 「병마개, 그 집」에서 "천장에서 비가 새었지/ 우리의 방// 너와 내가/ 누에처럼 몸을 말며 살던 때"를 상기한다. 누수(漏水)의 그 작고 허름한 집은,

그때
너의 부끄러움과 나의 웃음이
문틈으로 새어 나가던
천만 원짜리 그 집
-「병마개, 그 집」 제4연

으로, 가난의 실제가 최상의 표현미학으로 구현된다. 그러나 그 집은 "너와 내가 생을 걸고/ 가난으로 지켜낸 집// 새어나가지 않으려고/ 우리가 병마개처럼/ 서로를 끌어안고 살던 집"이었다. 생애 첫 집에 대한 애착은 그렇듯 소중하고, 눈물겹고, 절실한 것이다. 가난에 관한 뼈아픈 고뇌와 짠 눈물의 맛을 보지 못하고서 참된 시가 써지기를 바라는 것은 일종의 허영이다.

내게 생명을 준 신들은 모두
소금에 절여 있거나 불에 그을려 있거나
토막 나 있거나 뿌리째 뽑혀 있는 것들인데
매일 고통을 때려눕히는 식욕은
입보다 커다란 쌈을 싸서 내 몸속으로 밀어넣는다
밤마다 푹신한 이불로 배를 덮고 잠들었다가
아침마다 포도알 같은 얼굴로 깨어나
다 붙이면 쓰레기봉투가 열 장인 포도 그림을 채우러
나는 마트에 간다
-「포도알 스티커」제3-4연

  시인에게 있어 '내게 생명을 준 신들은' 모두 생명을 가졌던 것들로, 소금에 절여지고 구워지거나 토막 나거나 뿌리째 뽑혀, 매일의 왕성한 인간 식욕의 희생물이 된 것들이다. 생명을 준 짐승과 초목 요리가 '신(神)'으로 표상된 만큼 그 배설의 결과는 '신의 자국'으로 표현된다. 화자는 나날이 왕성한 식욕을 한껏 채우고, 밤마다 포만감으로 푹신한 이불 아래 곤히 잠들었다가, 아침마다 탱글탱글한 포도알 같은 얼굴로 깨어나, "다 붙이면 쓰레기봉투 열 장"을 준다는 포도 그림판의 그림을 채울 포도알 스티커를 얻기 위해 마트에 가서 물건을 산다. 마트 측의 상술(商術)에 걸려들고 상업자본주의의 전략에 말려든 것이다. 마지막 연의 "빈칸이 몇 개 남지 않았다/ 마구 살아있을 것 같은 내가/ 신이 될 날도 머지않았다"라는 표현은 그래서 의미심장하다. 포도알 그림판이 포도알 스티커로 채워져 가고, 점점 빈 칸이 몇 개 남지 않은 상태가 되어 가는 기대치의 유혹에 말려든 '나'는 상업자본주의의 먹잇감이 되고 만 것이다. 죽임을 당해 내게 생명을 준 음식물[짐승·초목]이 신이라면 '나'는 상업주의의 먹잇감이 되어 그들의 성장을 돕는 신이 될 날도 멀지 않았다는, 사유 깊은 성찰의 언어이다.

5

 시가 좋아서, 어떻게 하면 시를 놓지 않고 살아갈까 고민하다 선택한 이 직업 앞에, 이제 막 자라기 시작한 누군가의 미래를 외면할 수 없는 이 직업 앞에, 무릎을 꿇고 머리를 조아리고 속죄하고 또 속죄해도 지울 수 없는 이 죄의식 앞에서, 내가 할 수 있는 일이란 나에게서 잠깐이나마 시를 지우는 일. 이놈의 시 따위 확, 개한테나 줘 버리는 것. 그냥 죽어라 수업 준비하고, 그냥 죽어라 강의하고, 그냥 죽어라 교재 만들고, 그냥 죽어라 복습 교재 만들다가, 그냥 죽어라고 늙어가는 것. 그리고 한두 달 사이에 확 늙어서, 개나 줘 버렸던 시를 다시 주워 오는 것.
 그것이 내가 학원강사로 사는 법
 -「학원강사로 사는 일」 전문

 신원석 시인의 현직은 학원강사인 것으로 나온다. 한 지인으로부터 그가 인기강사라는 말을 전해들은 바 있다. 이번 시집에서 「학원강사로 사는 일」 외에 「일타강사」, 「국어의 기술」은 학원강사를 주제로 한 시편들이다. 어머니의 여한 대물림 교육의 극단적 폐해를 다룬 「구두 속에 아이가 산다」를 관련 항목으로 포함시키면 한 편이 늘어난다.
 「학원강사로 사는 일」은 시를 선망하고 시를 쓰는 자로서, 생계를 위한 직업상의 일인 학원강사직을 수행하는 과정상의 막대한 고충과 번민, 회의(懷疑)와 죄의식 등을 신랄하게 고백한 시이다. 시인의 반열에 오른다 해도 그것이 생업의 수단이 되지 못한다는 것은 세상이 다 아는 사실이다. 헌정과 봉록 수혜의 관계에 있던 예술 창작의 관습적 구조가 중세사회의 붕괴와 함께 해체되고, 새로운 시민의 시대인 근대사회에서의 작가는 졸지에, '망가진 존재' 혹은 '찢어진 존재'라는 탄식이 상징하듯, 정치권력으로부터 소외되는 몰락의 길을 걷게 되었다. 그리하여 문학은 마침내 아무짝에도 써먹을 수 없는 것, '그놈의 문학을 하면 떡이 나오나 밥이 나오나', '부질없는 시를 써서는 무엇 하나' 같은 핀잔이나, 자탄(自歎)의 대상이 되어 왔다.

그런 과정에서 문학은 '개성'에 눈 뜨고, 권력과 맞서는 대립 관계에 놓이면서 자율성 확보라는 혁신적 파생을 가져 온 내력도 가지고 있다.

 신원석 시인은 어떻게라도 시를 놓지 않고 살아갈 궁리로서 선택한 직업이 학원강사였다는 것이다. 전공과의 유관성도 있지만, 시인들의 대표적 직업이 교사나 기자, 출판사 혹은 잡지사 쪽으로 쏠리는 경향은 대개 그러한 까닭에서라고 할 수 있다. 그렇게 선택된 직종이긴 해도, 직장의 일은 결코 녹록한 게 있을 리 없다. 교사나 학원강사의 경우, 미래세대의 운명을 좌우할 수 있는 직업 앞에서, 개인적으로 시를 쓰는 정신 팔이의 행위로 말미암아 교육적 성심을 다할 수 없다는 죄의식 앞에서 고민하지 않을 수 없다. 양심적 가책의 절정에서 시인은 "나에게서 잠깐이나마 시를 지우는 일, 이놈의 시 따위 확, 개한테나 줘 버리는 것"이라는 자기 분노와 성찰의 극단에 이른다. 앞에서 언급한 써먹을 수 없는 문학에 대한 역사적 인식이 폭발한 셈이다. 그렇게 시를 죽이고, 죽어라 강사직에 목매다는 삶, 그런 식으로 고생하며 연명하다가 확 늙어서, 틈틈이 '개에게나 줘 버렸던 시를 다시 주워 와' 더듬어 보는 것, 그것이 시를 쓰는 자의 '학원강사로 사는 법'이라는 것이다. 자의식과 성찰의 결속이 빚어 낸 쾌작이다.

아무도 말을 걸어오지 않았는데
겨울 달이 울고 있었다

잘못 잡은 손을 뿌리치고
길 잃은 밤거리를 헤매는 눈송이들

눈길을 걷다 보면 알 것도 같았다
하루 사이에도 새하얗게 늙어 버리는 사람들
멀쩡했다가 갑자기 아파졌다는 사람들

날숨만 있고 들숨이 없는 고통이
다름 아닌 신이었다는 사실도

아무도 말을 걸어오지 않았는데
겨울 달이 울고 있었다

흔들리는 어깨를 만지는 일이
신에게 가는 길처럼 아득했다
-「흔들리는 어깨를 만지는 일」 전문

 시 「삼각형자리 은하」와 「우산」을 「흔들리는 어깨를 만지는 일」과 연계하여 읽어 보면 시인의 시적 정서를 좀더 가까이 접근해 보는 방법이 되지 않을까 싶다. 「삼각형자리 은하」는 함께 별을 이야기하며 사랑의 감정을 낭창하게 이어간 두 연인, 곧 화자와 여인은 별처럼 멀어져 이별한다. 가까운 연인일수록 돌아서면 삼각형은하처럼 270만 광년이나 떨어진 사이만큼의 관계가 되고 만다. 두 연인의 결별은 별빛의 비밀에 관한 이해의 격차 때문으로 짐작된다. 화자는 "제 안의 멍울을 터뜨리며 별들은/ 꽃처럼 피는 거라고/ 흔들리고 있는 게 마치/ 반짝이는 것처럼 보이는 거라고"(제3연) 믿고, "흔들리지 않는 것을/ 별이라 부를 수 없는 나"의 입장, 아마도 실존적 인식의 차이를 분명히 드러낸 것으로 볼 수 있다.

 그에 비해 「우산」은 애틋함이 간절한 사랑의 마음과 위로의 슬픈 정서가 교감의 미덕으로 작용하고 있는 작품이다. 우산을 쓰고 빗속을 걸어 "애인을 집에 바래주던 날/ 내 어깨를 보고 애인은/ 입을 꾹 다문 채 울기 시작"하고, 빗방울 같은 눈물을 뚝뚝 흘리면서 '비에 젖은 나의 어깨'를 처연히 어루만진다. 텍스트 상에는 그럴 만한 사연을 드러내지 않고, 행간을 통해 짐작하도록 함축성에 빌미를 열어 두고 있다. 어깨는 기본적으로 삶의 무게를 상징한다. 눈물과 울음으로 헌신하고 위로하는 이들의 사랑은 간난과 난관이 삶의 본연한 실제임을 교감하고 있는 것이다.

울음과 이별의 정서는 「흔들리는 어깨를 만지는 일」에도 연결되어 있다. 아무도 말을 걸어오지 않는 고적한 겨울, 가난한 화자의 마음은 울음으로 차 있다. '잘못 잡은 손을 뿌리치고' 눈을 맞으며 길 잃은 밤거리를 헤매는 상실의 언어 다음에는 신산(辛酸)한 삶의 목록이 함축돼 있을 정보의 표현을 내보인다.

눈길을 걷다 보면 알 것도 같았다
하루 사이에도 새하얗게 늙어 버리는 사람들
멀쩡했다가 갑자기 아파졌다는 사람들
-「흔들리는 어깨를 만지는 일」 제3연

「학원강사로 사는 일」에서 토로했던 '한두 달 사이에 확, 늙어서'와 동궤의 표현 "하루 사이에도 새하얗게 늙어 버리는 사람들"은 삶의 스트레스가 극한에 이르면 하룻밤 사이에 백발이 되어 버린다는 전설적 속설을 따른 표현이다. 그 속설이 허무맹랑한 일만은 아니라는 설명을 들은 적이 있는데, 사실 우리는 일생에서 그에 준하는 경험을 몇 번 하게 되어 있다. 하얀 '눈길'을 걷다 보면 하룻밤 사이에 '새하얗게' 늙어 버리는 사람들을 알 것만 같고, '멀쩡했다가 갑자기 아파졌다는 사람들'이 생겨나는 것도 넉넉히 이해할 만한 일이 된다. 그 고통은 '날숨만 있고 들숨이 없는' 죽음의 상태와 다를 바 아니며, 결국 신의 이름으로 대체된다. 별들의 흔들림이 반짝이는 빛이 되듯(「삼각형자리 은하」), 실존적 삶의 진실은 '흔들리는 어깨'로 표상된다. 고통의 빛인 흔들리는 어깨를 만지는 일, 그것은 위안이 되지 못하는 '신에게 가는 길'만큼이나 아득하고 우울하다.

차이의 기호 체계를 기초로 한 문학적 질서는 고정적·확정적 의미를 허용하지 않는다. 다층적 구조의 근저에는 문학 언어의 화학적 반응이 작용하고 있는 것이다. 신원석 시인은 기발한 전복적 발상, 전이의 특수한 방식, 중층적 접속과 연계, 딴전 피우기와 변죽 울리기 등으로 독해의 지연을 유발하여 시 텍스트의 해석과 감상에 집중하게 한다. 그가 추구하는 이미지의 전복과 기표의 중층적 선택은 텍스트적 전략의 하나로 보인다.

한편, 가족(부모 형제)에 대한 연민과 복합심리, 가난에 대한 심층적 천착, 동물 이미지의 시적 버전, 시 자체에 관한 집중적 명상, 비극적 인식과 실존적 사유, 우울한 사랑의 추이, 환경 훼손과 고통의 변주, 기억 혹은 추억의 담론들은 신원석 시의 내재적 스펙트럼을 이룬다. 개성 없는 시의 시대에 차이와 새로움의 개성적 자유를 내다본 신원석 시인의 앞날을 기대해 볼 일이다.

시마중 시인선 1
흔들리는 어깨를 만지는 일

초판발행일　2024년 11월 1일
지은이　　신원석
펴낸이　　신원석
펴낸곳　　도서출판 시마중

편집　　이성희
디자인　디자인니엘
제작　　황찬영
인쇄　　한영문화사

주소　　(21073) 인천 계양구 서운로 43-25 1층
이메일　ttongzzaru@daum.net
블로그　blog.naver.com/simajoong
등록번호　제575-94-01803호
등록일자　2024년 6월 3일

@신원석, 2024, printed in Incheon, Korea
ISBN 979-11-989792-0-9

*이 책 내용의 전부 또는 일부를 재사용하려면 반드시 저작권자와 도서출판 시마중 양측의 동의를 받아야 합니다.
*잘못된 책은 바꾸어 드립니다.
*지은이와 협의하여 인지는 붙이지 않습니다.